*Über die Autorin:*
Julia Heyne (1982) hat vor ihrem Studium der Geschichte und Europäischen Ethnologie in der Redaktion von »taff« gearbeitet. Seit drei Jahren ist sie Redakteurin im Erotik-Ressort von Bild.de, für das sie rund um die Uhr das Liebes- und Sexualleben der Generation Y recherchiert.

# Julia Heyne

# it's a match!

## So triffst du den Richtigen

Besuchen Sie uns im Internet:
www.knaur.de

Originalausgabe Dezember 2015
Knaur Taschenbuch
© 2015 Knaur Verlag
Ein Imprint der Verlagsgruppe
Droemer Knaur GmbH & Co. KG, München
Alle Rechte vorbehalten. Das Werk darf – auch teilweise –
nur mit Genehmigung des Verlags wiedergegeben werden.
Redaktion: Birthe Katt
Covergestaltung: ZERO Werbeagentur, München
Coverabbildung: FinePic®, München
Illustrationen innen: Shutterstock/Kittichai
Satz: Daniela Schulz, Puchheim
Druck und Bindung: CPI books GmbH, Leck
ISBN 978-3-426-78774-8

2  4  5  3  1

# Inhalt

# Vorwort

»Die Liebe ist das Gewürz des Lebens.
Sie kann es versüßen, aber auch versalzen.«
Konfuzius

Julia ohne Romeo? Susi ohne Strolch? Sissi ohne ihren Franzl? Keine Frage, unsere Welt scheint für das Leben im Doppelpack gemacht zu sein – und es ist zweifelsohne eine wunderbare Sache, den richtigen Partner an der Seite zu haben. Egal, ob es darum geht, morgens miteinander aufzuwachen, den nervigen Alltagsproblemen gemeinsam zu trotzen, wunderbaren Sex zu haben oder einfach das »Wir gegen den Rest der Welt«-Gefühl zu verspüren – Liebe und Partnerschaft gehören zu den ganz großen Dingen im Leben.

Nur wird mir an dieser Stelle wahrscheinlich jede Singlefrau auf Partnersuche bestätigen, dass es alles andere als einfach ist, den Mann fürs Leben zu finden. Im Gegenteil, manchmal erscheint es um Welten leichter, menschliches Leben auf dem Mars anzusiedeln. Denn oft hat man den Eindruck, dass die »Richtigen« nicht von den Bäumen fallen, während es die »Falschen« irgendwie ständig tun. Das bedeutet im Gegenzug: Niemand muss sich als Single durchs Leben schlagen, irgendein Deckel findet sich immer. Aber ganz ehrlich: Wer will schon irgendeinen Deckel? Wir wollen ja auch nicht irgendwelche Schuhe, nur damit wir keine kalten Füße kriegen.

Ich kann aus eigener Erfahrung sagen, als Singlefrau um die 30 hast du immer zwei Möglichkeiten: Entweder, du hältst es aus, eine Weile auf Solopfaden durchs Leben zu stöckeln, auch wenn um dich herum scheinbar alle heiraten, mehr oder weniger süße Babys kriegen und nur noch in der Wir-Form kommunizieren (»Wir kommen gerne«, »Wir finden das Essen ganz toll«, »Wir helfen dir gerne beim Umzug«). Du hältst es aus, schwere Getränkekisten in den dritten Stock zu schleppen, sonntags allein den *Tatort* zu gucken und ohne Begleitung auf die zahlreichen Hochzeiten deiner Freunde und Verwandten zu gehen. Mehr noch, du hältst es nicht nur aus, sondern es ist in Ordnung für dich. Denn meiner Ansicht nach gehört zu den größten Missverständnissen unserer Zeit die weit verbreitete Annahme, dass Singlefrauen automatisch kreuzunglücklich sind und notgedrungen die Wartezeit auf Mr. Right irgendwie überbrücken.

Hallo?! Diese Wartezeit nennt sich zufällig Leben, und das sollte Spaß machen – ob als Single oder mit Partner. Es geht darum, mit sich selbst im Reinen zu sein, tolle Freunde und einen Job zu haben, der einen ausfüllt, und so das Leben auch auf Solopfaden zu genießen. Natürlich ersetzt das nicht den richtigen Partner an der Seite, aber meiner Meinung nach sollte dieser nicht das Fundament des eigenen Lebens sein, sondern ein gutes Leben noch reicher machen. Meine Erfahrung hat mir gezeigt, dass man das verinnerlicht haben muss, wenn man eine ernsthafte Beziehung eingehen möchte. Ist das geschehen, dann läuft man endlich nicht mehr Gefahr, sich einfach irgendeinen Partner zu suchen, sondern auf den zu warten, der wirklich zu einem passt.

Es gibt nämlich noch eine zweite Möglichkeit, die man als Single um die 30 hat: alle möglichen Kompromisse einzugehen, nur um den vermeintlich schändlichen Singlestempel so schnell wie möglich von der Stirn zu kriegen. Und natürlich, um nicht länger allein sein zu müssen (wobei »allein« ausschließlich im Sinne von »solo« gemeint ist, denn man stapft ja nicht einsam und verlassen durch die Welt). Diese Art von Singlefrau krallt sich den nächstbesten Kerl, der ihr den Hof macht, ungeachtet der Tatsache, dass dieser Kerl so absolut gar nicht zu ihr passt. Ich finde es erschreckend, wie viele tolle Frauen in meinem Umfeld mit einem Mann zusammenleben, der weder zu ihnen passt noch sie in irgendeiner Weise glücklich macht. Irgendwann wurde entweder das Alleinsein zu nervig oder die Torschlusspanik zu groß. Die Folge: ein Partner, den man nur als Kompromiss bezeichnen kann.

Dass man in einer Beziehung Kompromisse machen muss, steht außer Frage. Nur der Mann selbst sollte keinesfalls der Kompromiss sein, wenn die Beziehung ein Happy End haben soll. In diesem Fall wäre meiner Ansicht nach nämlich die Intention die falsche: Torschlusspanik statt echtem Interesse, Nicht-allein-sein-Können statt Mit-genau-dieser-Person-zusammen-sein-Wollen. Singlefrauen, die nach diesem Muster leben, neigen dazu, selten lange Single zu sein, eben weil sie von einer Beziehung direkt in die nächste flattern – und dabei völlig vergessen, auf den Richtigen zu warten.

Liebe Singlefrauen, das soll an dieser Stelle keineswegs abwertend klingen. Ich kann dieses Verhalten gut verstehen, denn ich weiß, wie schwer es ist, nach Möglichkeit eins zu leben. Während ich in meinem Leben immer wieder über gefühlt ewige Zeitabschnitte Single bin, heiraten meine Freundinnen reihenweise, sie kriegen Scharen von Kindern, bauen Häuser oder kaufen zumindest Wohnungen. Ich dagegen hatte immer mal wieder den vermeintlich Richtigen auf Zeit gefunden, bevor ich dann wieder selbst meine Getränkekisten allein in den dritten Stock geschleppt und sonntags alleine

*Tatort* geguckt habe. Außerdem hatte ich mehr als einmal das zweifelhafte Vergnügen, bei einer Hochzeit an einem Single-tisch zu sitzen.

Dennoch bin ich im Großen und Ganzen entspannt geblie-ben, weil ich tief im Herzen immer wusste und weiß, dass der Mann, mit dem ich mein Leben teilen werde, kein Kompro-miss sein wird. Natürlich gab es immer mal wieder Phasen, in denen mich die Panik heiß-kalt überfiel, weil ich davon über-zeugt war, ich würde »übrig bleiben«. Tschüs Hochzeit in Weiß, tschüs süßer Nachwuchs, hallo Katzen und Alters-WG. Gerade mit zunehmendem Alter suchen einen diese fiesen Pa-nikattacken immer häufiger heim, aber dagegen hilft nur ei-nes: tief durchatmen, sich locker machen und Spaß am Leben haben. Der passende Deckel kommt – bei manchen eben frü-her, bei anderen etwas später.

Und auch, wenn ich selbst den endgültig Richtigen noch nicht gefunden habe, weiß ich, dass er eines Tages in mein Leben treten wird. Denn ich setze mich – zumindest meis-tens – nicht unter Druck und probiere aktiv Dinge wie On-line-Dating und Flirt-Apps aus, um dem Glück auch aktiv auf die Sprünge zu helfen. Ich gehe mit offenen Augen durchs Leben, flirte gerne und habe keine Angst, auch mal auf die Nase zu fallen. Das sorgt dafür, dass ich in der Theorie gut darüber Bescheid weiß, wie man den richtigen Partner findet, und ich zögere nicht, dieses Wissen auch einzusetzen. Das – und die Tatsache, dass ich in meinem Job als Online-Redak-teurin im Erotik-Ressort rund um die Uhr über das Liebes-leben und Dating-Verhalten der sogenannten Generation Y recherchiere – ist wohl auch der Grund, warum ich von mei-nen Singlefreundinnen in Liebesdingen sehr häufig und gerne zurate gezogen werde.

Auch, wenn ich als Frau um die 30 natürlich am ehesten

Tipps und Tricks für Frauen in einer vergleichbaren Lebenssituation in petto habe, richtet sich dieser Ratgeber an alle Menschen auf der Suche nach der Liebe – egal, ob Mann oder Frau, homosexuell oder hetero, unter oder weit über 30. Denn der Wunsch nach einer glücklichen Beziehung vereint die Singles, die diesen Zustand nicht unbedingt freiwillig gewählt haben.

Keine Angst, dieser Ratgeber soll euch keineswegs mit besserwisserischen Tipps nerven und euch vorbeten, wie ihr endlich den richtigen Deckel vom Baum schüttelt. Dafür habe ich keine Patentlösung, schließlich befinde ich mich, wie bereits erwähnt, selbst mitten in dem schönen Spiel »Vom Suchen und Finden der Liebe«. Außerdem gibt es den EINEN richtigen Weg bei der Partnersuche sowieso nicht. Dieses Buch soll eher eine Ermutigung an diejenigen sein, die den Glauben an die Liebe schon aufgegeben haben. Es soll ein kleiner Denkanstoß für die Single-Ladys sein, die ständig irgendeinen Kerl an ihrer Seite haben, um nicht alleine zu sein, und somit Gefahr laufen, den Richtigen zu übersehen. Und das Buch soll meine Ansicht verdeutlichen, dass es verdammt viel Spaß machen kann, auf den Richtigen zu warten bzw. ihn zu suchen – auch wenn man dabei öfter mal stolpert.

Ich selbst bin in Sachen Liebe relativ oft auf die Nase gefallen. Aber ich bin mittlerweile davon überzeugt, dass das nicht schlimm ist – solange man wieder aufsteht und weitermacht. Und es schadet natürlich auch nicht, aus seinen Fehlern und Liebeskatastrophen zu lernen. Aus diesem Grund ist mein größtes Anliegen, anhand meiner eigenen Erfahrungen – zahlreiche Pannen und Desaster inklusive – Tipps und Anregungen zu geben, die ich für hilfreich dabei halte, sich durch den harten Singledschungel zu kämpfen.

So habe ich bisher schon einige Male den vermeintlich

Richtigen gefunden, auch wenn die Beziehungen auf Dauer nicht gehalten haben. Vor allem ein Mann hat eine sehr große Rolle in meinem Leben gespielt, er wird daher in diesem Buch immer wieder auftauchen. Mit Tom hatte ich nicht nur ein tolles erstes Date, fantastischen Sex und eine sehr intensive Zeit, auch das Ende hatte es in sich. Dadurch, dass ich herausgefunden hatte, dass er mich monatelang belogen hat, war die Trennung alles andere als schön. Aber die Geschichte zeigt mir, dass es sich immer wieder lohnt, auch nach einer Enttäuschung an die Liebe zu glauben. Und am Ende einen Partner zu finden, der den ganzen Wahnsinn wirklich wert ist. Das Wichtigste auf der Reise dorthin ist, immer man selbst zu bleiben – und sich selbst deutlich zu machen, dass man gut so ist, wie man eben ist. Früher oder später kommt der Mann, der das erkennt.

Und bis es so weit ist, kann es nicht schaden, es mit der guten alten Samantha Jones aus der Kultserie *Sex and the City* zu halten: »Für einen Single ist die Welt ein großes Schlemmerbuffet« …

# I.
# Vom Flirt
## zum näheren
## Kennenlernen

# 1. Das Singleleben auf dem Prüfstand

## Gründe für die Partnersuche

Laut des Statistischen Bundesamtes liegt der Anteil der Singlehaushalte in Deutschland ungefähr bei 37 Prozent. Somit leben 17 Prozent der Bevölkerung allein. Ein Teil davon hat sich diesen Zustand zweifellos freiwillig ausgesucht. Feste Beziehungen, große Liebesschwüre, Monogamie usw. sind nicht jedermanns Sache. Ich kenne genügend Singles, die frei und fröhlich in den Tag hineinleben und denen es völlig reicht, regelmäßig unverbindlichen Sex zu haben.

Die meisten anderen Solisten träumen von der großen Liebe oder zumindest davon, Teil einer funktionierenden Partnerschaft zu sein. Weil in der heutigen Zeit doch alles etwas schnelllebiger geworden ist und sehr viele Menschen an das »Bis dass der Tod euch scheidet« nicht mehr wirklich glauben, spricht man heute davon, einen »Lebensabschnittsgefährten« zu finden. Aber egal, ob für die nächsten paar Jahre oder wirklich bis zum Sterbebett, dieser passende Partner kann leider schlecht auf Knopfdruck bestellt werden.

Ob nun der romantische Wunsch nach einem Leben zu zweit im Vordergrund steht oder es darum geht, dem vermeintlich armseligen Singledasein zu entkommen, es gilt, sich aktiv auf die Suche nach Mr. Right zu machen. Denn sind wir mal ehrlich, für das häufig angepriesene Sich-von-der-Liebe-finden-Lassen sind die meisten Frauen im 21. Jahrhundert doch etwas zu ungeduldig. Allein der Ansatz mit dem Rapunzel, das im Turm sitzt und auf den Prinzen wartet, ist in einer Zeit, in der Frauen sexy Kurzhaarfrisuren oder Long Bobs tragen, doch gar kein Thema mehr. Egal, ob Mann oder Frau, egal ob im Job oder in der Liebe, wer glücklich sein möchte, muss etwas dafür tun. Doch wie fängt man das am besten an?

Zunächst einmal ist es wichtig, sich klarzumachen, warum man seinen Status von »solo« in »vergeben« ändern möchte. Jetzt kann man an dieser Stelle natürlich mit dem Argument »weil Liebe nun mal das Schönste ist« kommen. Klingt wunderbar, doch ganz so einfach ist es nicht. Es gibt verschiedene Motive, warum man sich eine Beziehung wünscht. Und somit hat jeder Single auch unterschiedliche Bedürfnisse, Wünsche und Erwartungen an den potentiellen Partner.

Bei mir haben sich diese Motive immer mal wieder geändert. Im Großen und Ganzen stand der Wunsch, die schönen Momente im Leben mit jemandem teilen zu können, im Vordergrund. Aber es gab durchaus auch Phasen, da hatte ich schlicht und einfach die Schnauze voll vom ewigen Singleleben. Und es gab Momente, da ist auch so etwas wie Torschlusspanik aufgekommen. Der Gedanke, irgendwann einfach »übrig zu bleiben«, während alle anderen um mich herum zu zweit glücklich sind, war äußerst erschreckend.

In diesen einzelnen Phasen bin ich die Partnersuche total unterschiedlich angegangen. Hatte ich gerade eine Phase, in der in meinem Leben alles rundlief, sei es im Job, in der Familie oder mit meinen Freunden, ging ich die Suche extrem entspannt an. Frei nach dem Motto: Alles kann, nichts muss. Und das ist wahrscheinlich auch die beste Art, das Ganze in

Angriff zu nehmen. War ich aber mit mir und meinem Leben überhaupt unzufrieden, dann versteifte ich mich oft auf die Annahme, dass es mir schlagartig bessergehen würde, wenn ich endlich den richtigen Partner an meiner Seite hätte. Durch diese – leider keineswegs richtige – Motivation wurde ich ziemlich verkrampft, was das Flirten oder das Dating anging. Ich interpretierte Dinge in harmlose Mails oder SMS, die gar nicht da waren, und nahm jeden Korb und jede missglückte Affäre total persönlich. Ganz einfach deswegen, weil ich dachte, wenn ich mich gerade schon nicht leiden kann, warum sollte es dann ein Mann tun? Durch diese verbissenen Phasen ist mir irgendwann aufgefallen: Waren die Motive für meine Suche nach der Liebe nicht die richtigen, dann hat es auch hinten und vorne nicht geklappt. Eine Liebeskatastrophe hat nahtlos die nächste abgelöst. Und ganz ehrlich, ich finde, darauf kann man auch verzichten …

## Die Vorteile des Singlelebens

Auch, wenn es auf den ersten Blick kontraproduktiv scheinen mag, in einem Ratgeber über das Suchen und Finden des richtigen Partners von den Vorteilen des Solistendaseins zu reden, hat das durchaus seine Berechtigung. Ich denke, wer mit sich im Reinen ist und das Leben auch als Single genießt, hat 1000-mal höhere Chancen auf ein baldiges Liebesglück als diejenigen, die komplett verzweifelt auf der Suche sind.

Für jeden, der sich dadurch angesprochen fühlt, kommt hier eine kleine Erinnerung, warum es zumindest zeitweise gar nicht mal so übel ist, ohne Anhang durchs Leben zu gehen. Eines ist klar, letztendlich ist das Leben zu zweit immer ein wenig schöner, aber es kann durchaus auch Vorteile haben, Single zu sein:

*Lieber keinen Prinzen als einen Frosch:* Ganz ehrlich, bevor ich meine kostbare Lebenszeit mit jemandem teile, der zu mir null Komma null passt und den ich nicht ansatzweise liebe, bin ich lieber allein. Denn dieser Typ wäre nur ein fauler Kompromiss, der mir im Zweifel eher auf die Nerven ginge, anstatt mich glücklich zu machen. Außerdem ist man als Single ja nicht automatisch allein, denn Freunde und Familie geben einem auch Liebe und Geborgenheit – wenn auch auf eine andere Art als der Partner. Ich kann von mir sagen, dass ich schon viele Frösche an meiner Seite geduldet habe, nur weil der Prinz nicht aufgetaucht war. Aber mit der Zeit hatte ich irgendwann keine Lust mehr auf dieses Fröscheküssen. Sobald ein Mann an meiner Seite heute nur einmal »quak« sagt oder anderweitig Ähnlichkeiten mit einer Kröte aufweist, darf er gerne ganz schnell weiterhüpfen.

*Zeit ohne Ende:* So schön eine Beziehung auch ist, gleichzeitig ist sie ein Zeitfresser. Um mit Schatzi happy zu sein, muss man sich nun mal Zeit nehmen und das zarte Pflänzlein der Liebe stetig hegen und pflegen. Das ist im besten Fall natürlich sehr schön, denn wer glücklich verliebt ist, verbringt selbstverständlich sehr gerne Zeit mit dem Liebsten. Dennoch ist es ein Vorteil des Singleseins, dass man weit mehr über seine Zeit verfügen kann. Heute nach der Arbeit mit den Mädels auf die After-Work-Party, morgen spontan an den See mit der Familie, und den Sonntag endlich mal wieder ganz alleine mit einem guten Buch verbringen? Als Single ist man Herr(in) über den eigenen Zeitplan. Ich kenne Paare, in denen tut ständig einer etwas dem anderen zuliebe, Zeit für eigene Bedürfnisse bleibt überhaupt nicht mehr. Klar sollte man in einer

Beziehung auch Dinge dem Partner zuliebe tun, aber diejenigen, die gar keine freie Minute mehr für sich haben, sind häufig alles andere als glücklich.

*My home is my castle:* Singles haben die absolute Entscheidungsgewalt über ihre eigenen vier Wände. Statt Spielkonsole lieber noch schnell einen weiteren Schuhschrank aufbauen, die Wände pink streichen oder das Bad zum Wellness-Tempel machen – erlaubt ist, was der Bewohnerin gefällt. Ist ein Partner mit im Spiel, dann müssen auch wohntechnisch Kompromisse gemacht werden. Und zwar nicht nur, wenn man eine gemeinsame Bude hat. Auch bei getrennten Wohnungen zieht immer ein Teil des anderen, und somit auch ein Teil von dessen Geschmack, bei einem ein. Ich habe das in meinen Singlezeiten immer sehr genossen, dass meine Wohnung mein ureigenes Refugium war. Und ich gehöre auch zu den Menschen, die bei einer gemeinsamen Bude mit Schatzi auf getrennte Zimmer plädieren. Von wegen Rückzugsort und Privatsphäre in der Beziehung und so …

*Mehr Abwechslung beim Sex:* Klar, generell sind Paare in einer Beziehung schon im Vorteil, wenn es um die Möglichkeit geht, schnell und einfach an Sex zu kommen. Als Single muss man seinen Hintern hochkriegen, sich in Schale werfen und sich anstrengen, jemanden abzuschleppen. Das kann allerdings wesentlich abwechslungsreicher und aufregender sein, als ständig mit demselben Kerl die Laken zu zerwühlen – und vor allem ständig daran arbeiten zu müssen, dass auch in der Beziehung das Sexleben nicht irgendwann völlig einschläft.

*Häufig eine bessere Figur:* Sicher, das kann man nicht verallgemeinern, aber zahlreiche Umfragen haben ergeben, dass man zu Singlezeiten eine knackigere Figur hat als in einer Beziehung. Ist ja eigentlich logisch, denn da muss man schon in

Shape sein, um den Traumtypen überhaupt abzugreifen. Ist man erst einmal Part einer Beziehung, dann ist die Gefahr größer, sich gehenzulassen. Anstatt Volleyball im Park (ein perfekter Flirt-Hotspot!) gibt es dann Chips mit dem Liebsten auf der Couch. Als Single heißt es in dem Fall: Ohne Speck fängt frau Mäuse … der Kater bringt dann den Speck!

*Besserer Schlaf:* So schön es ist, im Arm von jemandem einzuschlafen und aufzuwachen, der Schlafforschung zufolge schlafen wir am allerbesten alleine. Ich kann das unterschreiben. Ich kann mit Körperkontakt gar nicht erst einschlafen – geschweige denn, entspannt durchschlafen, wenn jemand neben mir atmet, schnarcht oder sich ständig umdreht. Für die Schlafqualität ist Alleine-Schlafen also besser, für das Herz nicht unbedingt.

Auch, wenn diese Dinge durchaus für das Singleleben sprechen, ist es natürlich kein Grund, die Suche nach der Liebe aufzugeben und bis zum Lebensende solo zu bleiben. Dafür ist es viel zu schön, glücklich verliebt zu sein und den Alltag mit dem richtigen Partner zu teilen. Aber ich bin nun mal der Überzeugung, dass man auch gut als Single leben muss, um aus den richtigen Motiven eine Beziehung eingehen zu können. Wer von sich selbst sagt, dass das Leben ohne Partner scheiße ist, der sucht vor allem aus Verzweiflung und aus Pragmatismus nach der Liebe.

## Gründe für ein Leben zu zweit

Auch, wenn ich die Meinung vertrete, dass es besser ist, Single zu sein, als mein Leben mit dem falschen Kerl zu teilen, lohnt es sich natürlich, auf den Richtigen zu warten – oder ihn aktiv zu suchen. Der Mensch ist nun mal ein soziales Wesen, wir sind nicht dafür gemacht, alleine zu sein. Natürlich ist man als Single nicht automatisch einsam, eine gute Beziehung zur Familie und ein intakter Freundeskreis verhindern das. Aber egal, wie nah man seiner Familie und seinen Freunden steht, einen Partner können sie natürlich nicht ersetzen. Mit dem richtigen Mann an seiner Seite ist man im besten Fall ein Team, das schöne Momente gemeinsam genießt und schlechte Zeiten zusammen durchsteht.

Ich glaube, das ist es auch, was mir in meinen Singlephasen immer am meisten gefehlt hat: dieses Gefühl, ein Zweierteam zu sein und jemanden zu haben, der exklusiv für mich da ist. Ich hatte schon immer das Glück, einen großen Freundeskreis zu haben, und ich habe fantastische Freunde, aber dieses exklusive Gefühl gibt es nun mal nur in einer Beziehung. Oft fängt es ja schon in den kleinen Dingen des alltäglichen Lebens an.

Es ist viel schöner, nach einem anstrengenden Arbeitstag nach Hause zu kommen, wenn dort jemand auf einen wartet. Der einem zuhört, von seinem Tag erzählt, manchmal einfach auch nur eine Wärmflasche macht oder bei einem Glas Wein über den fiesen Chef mitlästert.

Es ist schöner, neben der Person einzuschlafen, die du liebst – und neben ihr aufzuwachen. Und das sage sogar ich als großer Fan des Alleine-Schlafens. Wenn der Richtige neben dir liegt, dann ist dir egal, dass nachts ein erbarmungsloser Kampf um die Bettdecke ausbricht, er komische Atemgeräusche macht oder im Schlaf redet.

Es ist so viel schöner, neue Dinge im Leben gemeinsam mit dem Traummann auszuprobieren oder zusammen die Welt zu entdecken. Die meisten Paare wünschen sich, irgendwann eine Familie zu gründen und später mal gemeinsam alt zu werden, während eine Schar Enkel um sie herumspringt. Natürlich hat jeder Mensch eigene Vorstellungen von Liebe und Beziehung, und jeder definiert für sich, warum es für ihn erfüllend und wichtig ist, in einer gut funktionierenden Partnerschaft zu leben. Ich würde mir niemals anmaßen, hier allgemeingültige Vorteile einer Beziehung festzulegen.

Fakt ist: Ich war immer gerne Single und wirklich nur in seltenen Phasen ein verzweifelter. Aber ich finde es schön, den richtigen Partner an meiner Seite zu wissen und gemeinsam mit ihm das Leben zu genießen. Und ich bin der Meinung, um diesen Richtigen zu finden, sollte man ruhig aktiv werden.

Bevor die Mission »Finde den Traumpartner« losgeht, schadet es nicht, eine kleine Bestandsaufnahme von sich und seinen Beziehungsvorstellungen zu machen. Dann hat man beste Voraussetzungen, sich in die Suche nach der Liebe zu stürzen und sie auch zu finden. Ich denke nämlich, nur wer wirklich weiß, warum er sich einen Partner wünscht, kann diesen auch finden. Nach intensiver Beobachtung meines eigenen Singleverhaltens und dessen meiner männerlosen Freundinnen fiel mir auf, dass sich die verschiedenen Singletypen im Großen und Ganzen gut voneinander unterscheiden lassen. Natürlich lassen die sich nicht so strikt voneinander trennen wie Koch- von Buntwäsche, denn die Eigenschaften der einzelnen Singletypen können sich überschneiden. Dennoch gibt es in freier Flirt-Wildbahn folgende Solisten auf der Suche nach der Liebe:

## Gängige Singletypen

### *Der »Ich will das, was alle haben«-Single*

Wünscht man sich selbst sehnsüchtig eine Beziehung, so kommt es einem grundsätzlich so vor, als wären alle um einen herum glücklich verliebt. Das ist natürlich Quatsch. Unabhängig davon, dass nicht alle, die vergeben sind, automatisch glücklich sind, ist man selten im gesamten Bekanntenkreis der einzige Single. Doch woher kommt es, dass man sich als Single derart schnell minderwertig bzw. als einsam gebrandmarkt fühlt? Dafür muss man eigentlich nur den Fernseher anschalten oder ein Magazin aufschlagen. Der größte Feind des Singles ist die Werbung. In nahezu jedem Auto-, Joghurt- oder Nutella-Spot strahlen einem glücklich verliebte Paare oder »Happy Familys« entgegen. Das suggeriert schnell: Die sind die Norm – wer allein ist, ist der Loser.

Ich hatte einige Phasen in meinem bisherigen Leben, in denen ich mir nur irgendeinen Kerl an meiner Seite gewünscht habe, damit für mein Umfeld mein Leben ausnahmsweise mal wie ein Nutella-Spot aussieht und nicht wie ein Kapitel aus *Bridget Jones*. Glücklicherweise ist mir jedes Mal schnell aufgefallen, dass ich 1000-mal lieber der chaotische Dauersingle Bridget Jones bin, als mich von einem Mann mit Nutella-Brötchen füttern zu lassen, den ich gar nicht wirklich will. Aber diese schwachen Momente können vorkommen, und das kann man auch nicht verurteilen.

Es ist nun mal so: Wer diese Außenwirkung nicht als das durchschaut, was sie ist, nämlich Werbestrategie, fühlt sich als Single in der Gesellschaft unwohl. Daraus resultiert das dringende Bedürfnis, so schnell wie möglich unter die Haube zu kommen. Sich eine eigene kleine Rama-Werbung-Welt zu schaffen. Das ist der Hauptgrund für den »Ich will das, was alle haben«-Typen, auf Partnersuche zu gehen. Wer genau da abends im Bett neben ihm liegt, ist diesem Singletyp nur sekundär wichtig. Hauptsache, aus dem »Ich« wird ein »Wir« – und das Umfeld kriegt es mit. Es ist natürlich nicht automatisch so, dass dieser Singletyp damit prinzipiell unglücklich ist. Manchen reicht es schon, einen Partner an der Seite zu haben, den sie echt mögen, ohne dass das Prädikat »große Liebe« erfüllt ist. Meine Freundin Eva entspricht diesem Typus. Sie hat ständig einen Freund, weil sie an keinem Tag als Single aufwachen und einschlafen möchte. Ihr reicht es völlig aus, dass sie im Club der Vergebenen ist – dass es in ihren Beziehungen meist nicht sonderlich prickelt, ist für sie sekundär. Ich finde, solange das für beide Beteiligten okay ist, sollte man darüber nicht urteilen, aber mir würde eine solche Beziehung einfach nicht reichen.

### Der »Ich kann nicht alleine sein«-Single

Dieses Exemplar ist weit verbreitet und eng mit dem vorherigen Singletyp verwandt. Ich kenne viele Männer und Frauen, die sich von einer Beziehung in die nächste stürzen und schon hysterische Schnappatmung kriegen, wenn nach einer Trennung die Liebesablöse nicht sofort parat steht. Ursachen dafür gibt es viele. Manche Singles fühlen sich unvollständig, wenn sie solo durchs Leben gehen, weil sie sich hauptsächlich über eine Beziehung definieren. Ich halte es für äußerst schwierig, sein Selbstwertgefühl von einem Partner abhängig zu machen, denn wie wir alle wissen, ist die Liebe ein wackeliges Konstrukt. Auf gut Deutsch: Ist der Partner weg, ist das Selbstwertgefühl futsch. Auch, wenn es nach Esoterikbüchern und Liebesgurus klingt, aber an dem Ausspruch »Man muss sich selbst lieben, um geliebt zu werden« ist definitiv etwas dran!

Meine ehemalige Kollegin Friederike ist ein Paradebeispiel für diesen Singletypus. Sie wechselt ihre Partner in derart großer Geschwindigkeit, dass ich ständig mit den Namen der Männer durcheinanderkomme und schon mal einen neuen Freund mit dem seines Vorgängers anspreche. Jetzt ist es aber so, dass Friederike keineswegs ein schüchternes Mauerblümchen ist, das zwingend einen starken Kerl an ihrer Seite braucht, damit der ihr etwas von seinem Glanz abgibt. Im Gegenteil, die Gute ist attraktiv, beruflich erfolgreich und wahnsinnig lustig. Dennoch scheint für sie ihr gesamtes Leben vom Status »vergeben« abhängig zu sein. Hat sie einen Partner, dann ist sie gut gelaunt, strahlend, optimistisch. Gibt es gerade mal keinen Mann an ihrer Seite, verwandelt sich »Superwoman« in ein selbstmitleidiges Häufchen Elend. Und zwar genau so lange, bis der nächste Romeo die miesgelaunte Julia wieder ins Leben zurückknutscht. Der »Ich kann nicht alleine sein«-Single ist in der Regel bei der Partnerwahl nicht übermäßig anspruchsvoll, solange der Platz neben ihm besetzt ist.

### Der »Ich bin verliebt in die Liebe«-Single

Diesem Singletyp geht es in erster Linie nicht darum, in wen er sich verliebt, Hauptsache, er verliebt sich. Für ihn sind nämlich die Schmetterlinge im Bauch nach dem ersten Kuss das Lebenselixier, die rosarote Brille das Lieblingsaccessoire. Dementsprechend lechzt er regelrecht nach neuen Bekanntschaften. Doch ist das erste Kribbeln vorbei, wird die Liaison beendet, und er begibt sich erneut auf die Pirsch.

Es geht dem »Ich bin verliebt in die Liebe«-Single also in erster Linie um die intensive, herrlich unbeschwerte erste Verliebtheitsphase. Mit einem gemeinsamen Alltag, in dem es eher um schmutzige Socken in der Wohnung geht als um schmutzige Dinge zwischen den Laken, kann dieser Typ nicht wirklich etwas anfangen. Das Prickeln am Anfang ist der Motor des Liebesglücks, so ist es unnötig zu erwähnen, dass dieser Singletyp in Sachen Beziehung selten die Dreimonatsmarke überschreitet. Dementsprechend schmerzhaft kann es enden, sich in so einen Singletypen zu verlieben. Anfangs gibt die Person Vollgas und macht fantastische Pläne für die nächsten Wochen und Monate. Und gerade, wenn man selbst anfängt, sich auf diese Wochen und Monate zu freuen, ist der andere schon wieder weitergeflattert, zur nächsten Blüte, um dort sein ganz persönliches Lebenselixier zu schlürfen ...

Ich hatte schon immer ein unheimliches Talent, an derartig flatterhafte Singlemänner zu geraten. Zuletzt war es ein Mann, den ich über eine Flirt-App kennengelernt habe – und zwar über Tinder. Obwohl Olli nicht wirklich meinem Beuteschema entsprach (er war zu klein, und allein an seinem Kleidungsstil erkannte man den Münchner in ihm) und ich so meine Zweifel hatte, ob wir wirklich zusammenpassten, hat er sich unheimlich ins Zeug gelegt. Bereits nach wenigen Tinder-Mails wollte er schon zu WhatsApp wechseln, und noch am selben Tag lud er mich zu einer privaten Party auf seiner Dachterrasse ein. Ebenso rasant lief es mit uns weiter. Ging es in der ersten Woche nach unserem Kennenlernen noch darum, dass er mich täglich sehen wollte, machte er in der zweiten Woche schon Urlaubspläne, und nach Woche drei sprach er (mal mehr oder weniger scherzhaft) vom Zusammenziehen. Obwohl ich in der Theorie ganz genau weiß, dass etwas ganz und gar nicht richtig laufen kann, wenn ein Mann für eine Frau, die er doch noch gar nicht richtig kennt, derart Vollgas gibt, ließ ich mich darauf ein. Zu verlockend war die Vorstellung, dass aus meinem Dauersingleleben in kurzer Zeit eine Beziehung mit allem Drum und Dran werden würde. Dumm nur, dass er das ganz genau merkte und es zum Anlass nahm, schnell zur nächsten Blüte weiterzuflattern.

Ich habe seitdem versucht, mir stets die Tatsache vor Augen zu halten, dass ein hohes Tempo am Anfang nicht zwingend etwas Gutes für die Zukunft der Geschichte bedeuten muss. Ich kann also nur empfehlen, sich in Liebesdingen an folgendes Mantra zu halten: In der Ruhe liegt die Kraft … Denn ein bisschen kann ich diesen Singletypus schon verstehen, diese ersten Wochen einer frischen Lovestory, das Bauchkribbeln, diese herrliche Nervosität und das Gefühl, barfuß über Wolken zu laufen, das alles ist schon verdammt schön. Allerdings wurde mir mit zunehmendem Alter klar, dass das, was nach dieser ersten verknallten Phase kommt, eigentlich viel schöner und viel wertvoller ist. Das Gefühl von Vertrautheit und Zusammengehörigkeit stellt sogar das erste Bauchkribbeln und die rosarote Brille in den Schatten. Von daher weiß der »Ich bin verliebt in die Liebe«-Single gar nicht, was er verpasst.

### Der »Ich bin bereit für die Liebe«-Single

Dieser Singletyp sucht keineswegs verzweifelt nach dem passenden Deckel, er genießt auch solo das Leben in vollen Zügen. Er träumt von einer ernsthaften Beziehung – allerdings nicht, weil er irgendetwas kompensieren muss oder seine Portion Selbstbestätigung abholen möchte. Nein, er wünscht sich eine Beziehung, weil er findet, dass das Leben zu zweit einfach noch schöner ist. Da er zwar den Wunsch hat, jemanden kennenzulernen, sich selbst dabei aber nicht unter Druck setzt, nimmt sich der »Ich bin bereit für die Liebe«-Single die Zeit, auf den Partner zu warten, der wirklich zu ihm passt.

Allein aus diesem Grund hat dieser Singletyp die besten Karten, dauerhaft in einer Beziehung glücklich zu werden.

Auch, wenn ich ja bereits gestehen musste, durchaus auch Tendenzen zu anderen Singletypen in mir zu haben, bin ich sehr froh, dass ich mittlerweile größtenteils zu dieser Kategorie zähle. Ich denke, dass ein Leben mit dem richtigen Mann an der Seite etwas Wunderbares und Erstrebenswertes ist, für das ich auch einiges tun würde. Aber mir ist nach einigen kleineren und größeren Liebeskatastrophen durchaus bewusst, dass man die perfekte Beziehung nicht erzwingen kann. Ebenso bringt es nichts, passiv darauf zu warten, dass es irgendwann einfach passiert. Der Prinz von heute kommt nicht angaloppiert, den Prinzen von heute lernt frau kennen, wenn sie offen dafür ist und sich vor allem nicht entmutigen lässt. Auch wenn es nach Klischee klingt, es ist heute alles andere als einfach, den passenden Partner zu finden. Aber mit einer großen Portion Optimismus, gepaart mit viel Humor und Ausdauer, wird es klappen.

# 2. Männertypen –
# Glücksgriff oder echte Niete?

Im Grunde unterscheidet sich die Suche nach dem richtigen Mann nicht sonderlich von der Suche nach der perfekten Handtasche: Zu jeder Frau passt ein anderes Modell. Den einen perfekten Männertyp gibt es nicht, jede Singlefrau hat eine eigene Definition von dem Deckel, der zu ihrem Topf passt. So legen die einen beim Traummann besonders viel Wert auf Humor und Offenheit, während anderen Treue und Verlässlichkeit am wichtigsten sind. Ich kann natürlich nicht für meine Geschlechtsgenossinnen sprechen, wenn ich Männer beurteile, aber es gibt ein paar Typen, von denen sollte frau lieber die Finger lassen. Andere wiederum würden sich an der Seite einer jeden Frau gut machen – egal, ob diese Clutches oder Louis-Vuitton-Shopper bevorzugt …

Der Grundstein für die Suche nach dem EINEN wird eigentlich schon in der frühen Kindheit gelegt, denn da vermitteln Märchen den Eindruck, das mit der Partnersuche würde sich von ganz alleine regeln. Kleinen Mädchen wird eingeredet, sie alle seien eine Prinzessin, die früher oder später von ihrem Prinzen vor einem riesigen Drachen gerettet werden würde. Oder zumindest aus dem Tiefschlaf geknutscht würde.

Zu Teeniezeiten tritt dann der »Tanzschulen-Effekt« ein: Die Mädchen sitzen nett und adrett auf den Stühlchen und warten, bis der Junge sie auffordert. Liebe ist Männerwahl – denkt das naive Teeniegirl zumindest. Tja, der Glaube daran bröckelt spätestens, wenn frau feststellen darf, dass der Prinz/ Tanzpartner von heute sich gerade noch erbarmt, sie zur U-Bahn zu begleiten, beim Essengehen von Anfang an auf getrennte Rechnungen besteht und grundsätzlich nicht anruft, wenn er anrufen wollte.

Okay, das klingt jetzt so, als wären alle Kerle auf dieser Erde egozentrisch, unaufmerksam und unzuverlässig? Nein, es gibt sie, die Prinzen unter den Fröschen – aber eines ist leider wahr: Es gibt viel mehr Frösche da draußen als Helden. Und es gibt noch ein weiteres Problem: Männer neigen häufig dazu, ihren Marktwert zu überschätzen. Sprich, sie halten sich für einen viel geileren Hengst, als sie es in Wirklichkeit sind. Das wiederum sorgt dafür, dass sich viele Frösche ohnehin für einen Prinzen halten und deshalb gar nicht einsehen, sich Frauen gegenüber Mühe geben zu müssen. Und deshalb bleiben sie leider Frösche. Klingt kompliziert? Ist aber so. Das habe ich nicht nur aus eigener Erfahrung gelernt, das haben mir auch männliche Freunde in einem Anfall von Offenheit bestätigt.

Dieser Dinge sollte sich die Singlefrau von heute bewusst sein, wenn sie das Auf-den-Prinzen-Warten satthat und selbst auf Männerfang geht. Und natürlich, dass Prinz nicht gleich Prinz und vor allem Frosch nicht gleich Frosch ist … Ähnlich wie bei den Singletypen kann ein Kerl auch Aspekte verschiedener Männertypen in sich vereinen. Dennoch lassen sich im Großen und Ganzen folgende Gattungen festlegen:

# Mann ist nicht gleich Mann

*Der notorische Lügner*

Es ist kein Zufall, dass ich mit diesem Exemplar anfange, denn in meinen Augen ist das der schlimmste Typ Mann, an den frau geraten kann. Und leider ist er äußerst weit verbreitet. Egal, wie sympathisch ein Kerl erscheinen mag, wie bescheiden, höflich und nett, auch er kann im schlimmsten Fall ein skrupelloser Lügner sein. Es gibt natürlich Abstufungen, was das Lügenausmaß betrifft. Ich spreche hier nicht von klassischen Notlügen, die in vielen Fällen dazu da sind, das Gegenüber nicht zu verletzen. So ist es völlig okay, wenn ein Kerl auf die doofe Frage »Schatz, findest du mich dick?« mit »Natürlich nicht, mein Hase« antwortet, auch wenn Hasi in den letzten Wochen ganz schön zugelegt hat. Auch bei Fragen wie »Magst du eigentlich meine Eltern?« oder: »Es ist doch okay, wenn meine Freundin ein paar Tage bei uns wohnt?« ist es nicht immer ratsam, wenn ein Mann knallhart das sagt, was er wirklich denkt. Notlügen sind die eine Sache, aber in wichtigen Belangen nicht die Wahrheit zu sagen geht gar nicht.

Ich habe vor einiger Zeit mein Herz an einen Mann verschenkt, den ich nach kurzer Zeit vom Fleck weg geheiratet hätte. Tom schien einfach perfekt, denn er war aufmerksam, rief an, wenn er gesagt hatte, er würde anrufen, trug mich auf Händen und war auch noch gut im Bett. Er erzählte mir, er wohne mit seiner kranken Ex-Freundin zusammen, die er nicht im Stich lassen könne – was ihn in meinen Augen zu einem noch wertvolleren Menschen machte. Leider kam nach ein paar Monaten heraus, dass es sich bei der vermeintlichen Ex-Freundin um seine Ehefrau handelte, die natürlich ebenfalls keinen blassen Schimmer davon hatte, dass es mich gab. Das mit der Krankheit war zumindest nicht gelogen. Seit dieser Geschichte ist mir eines klar: Der Mann an meiner Seite darf Fehler und Macken haben, aber eines darf er auf keinen Fall sein: verlogen.

*Erkennungsmerkmale des notorischen Lügners:* Ist er ein Meister auf seinem Gebiet, wird es natürlich schwer, ihn zu entlarven. Gute Lügner taktieren, improvisieren und wirken dabei so grundehrlich, dass es einem ganz warm ums Herz wird. Selbst, wenn dir etwas komisch vorkommt, fragst du meist nicht groß nach, weil du dir gar nicht vorstellen kannst, dass der Kerl, der dich aus großen, treuen Hundeaugen ansieht, schwindeln könnte. Aus eigener Erfahrung kann ich nur raten, eine Art Neutralisator gegen diesen Blick zu entwickeln und gnadenlos alles zu hinterfragen, was einem komisch vorkommt. Sich bloß nicht mit charmanten Ausflüchten zufriedenstellen lassen, sondern in einem ruhigen Gespräch alles klären, was einem auf der Seele brennt. So traurig es ist, nur durch eine gesunde Portion Misstrauen und einen klaren Verstand kann man einen notorischen Lügner entlarven.

Das bedeutet natürlich nicht, dass wir Frauen jetzt nur noch als misstrauische Wesen durchs Leben gehen und jedem Mann mit Hundeblick gleich das Schlimmste unterstellen sollen. Aber ein bisschen Vorsicht und Skepsis können verhindern, total gutgläubig durch die rosarote Brille zu blinzeln und mehrmals auf eine ähnliche Masche hineinzufallen.

### Der »Ich tanze auf vielen Hochzeiten«-Typ

Sei es dem großen Singlemarkt und den vielen Auswahlmöglichkeiten geschuldet oder der relativ großen Beliebigkeit, die einem durch das Online-Dating oder vor allem Flirt-Apps wie Tinder suggeriert wird – eines ist klar: Lernt man heute jemanden kennen, ist es nicht ungewöhnlich, dass das Objekt der Begierde noch viele weitere Eisen im Feuer hat. Und dabei geben sich meiner Erfahrung nach Männer und Frauen nicht viel. Ich kenne Männer, die sitzen gerade bei einem Date mit einer Frau und machen währenddessen online die nächste schon klar.

Mein guter Freund Tim beispielsweise gehört definitiv dieser Spezies an (ein Grund, warum ich ihn als Kumpel sehr gern habe, als Partner aber niemals in Betracht ziehen würde). Tim hat mittlerweile ein ausgeklügeltes System entwickelt, wie er parallel möglichst viele potentielle Traumfrauen daten kann, ohne dass diese armen Wesen auch nur ansatzweise etwas davon mitkriegen. Dafür ist derart viel Logistik und Schauspieltalent nötig, dass ich ihn schon fast bewundern würde, fände ich diese Art des Massen-Datings nicht moralisch verwerflich. Dabei geht es dem guten Tim gar nicht darum, einfach viele verschiedene Frauen ins Bett zu kriegen. Er wünscht sich wirklich, die Frau fürs Leben zu finden, und ist der festen Meinung, Quantität erhöhe die Chance auf den Liebeserfolg.

Das Motto »Drum prüfe, wer sich ewig bindet, ob sich nicht was Besseres findet« kennen wir zwar schon von unseren Großeltern, aber ich denke, selten wurde es so intensiv gelebt wie heute. Durch das vermeintlich riesige Angebot an potentiellen Partnern hat man ständig das Gefühl, nur einen Mausklick oder einen Wisch auf dem Smartphone entfernt jemanden zu finden, der perfekter ist, der besser zu einem passt. Somit wären wir wieder bei den Frauen und den Handtaschen. Warum sollte ich einen Shopper mit Lederriemen nehmen, wenn ich den gleichen Shopper vielleicht auch mit einem Kettenriemen haben kann?

Nicht unbedingt bei Handtaschen, aber bei Frauen handhaben das viele Männer ganz ähnlich. Es gibt Typen, die lernt man kennen und hat einige Dates mit ihnen, und dennoch verfolgt einen die ganze Zeit das untrügliche Gefühl, dass er nicht wirklich hundertprozentig bei der Sache ist, sondern nebenbei noch weitere Antennen ausgefahren hat. Ein offensichtliches Zeichen ist seine fortbestehende Aktivität bei Online-Flirtbörsen.

So habe ich vor einiger Zeit Olli über Tinder kennengelernt (zur Erinnerung: der »Ich bin verliebt in die Liebe«-Typ). Wir haben von Anfang an viel Zeit miteinander verbracht und sind uns auch relativ schnell nähergekommen. Trotzdem war er ständig bei Tinder online – und somit wohl auch aktiv auf der Suche. (Das weiß ich daher, weil ich ihn zugegebenermaßen ausspioniert habe.) Wir teilten bereits das Bett und den Großteil unseres Alltags, steuerten zielstrebig auf eine Beziehung zu, und trotzdem hielt der Gute noch die Augen auf dem Singlemarkt offen. Ich kann verraten, dass das alles andere als ein gutes Gefühl war, und umso erleichterter war ich, als er sein Profil schließlich von sich aus gelöscht hat. Auch, wenn aus der Sache letztendlich nichts geworden ist, führte sie mir vor Augen, wie beliebig man als Single in diesem prallgefüllten Singlemarkt geworden ist. Und ich muss gestehen, dass ich mich auch hin und wieder mit einem Mann getroffen habe und trotzdem noch den einen oder anderen Kerl in Reserve hatte. Dieses Verhalten ist alles andere als fair und endet Gott sei Dank spätestens dann, wenn der Richtige aufgetaucht ist. Denn ich bin der Meinung: Wer wirklich verliebt ist, vergisst die Passwörter seiner Accounts auf Flirt-Apps ganz schnell ...

*Erkennungsmerkmale des »Ich tanze auf vielen Hochzeiten«-Typs:* Auffällig ist, wenn er bereits bei den ersten Dates ständig das Gefühl vermittelt, nicht 100-prozentig anwesend zu sein bzw. sich nicht wirklich für einen zu interessieren.

Auch das Dauer-Herumgespiele am Handy ist nicht nur nervig und unhöflich, sondern ein Zeichen dafür, dass der Kerl multitaskingmäßig noch andere Eisen im Feuer haben kann. (Unabhängig davon sollte man jemanden, der bei einem Date ständig das Handy in der Hand hat, sowieso zum Teufel jagen.) Sollte er dann auch noch mit den Namen durcheinanderkommen, liegt die Sache auf der Hand. Klingt etwas an den Haaren herbeigezogen? Nö, ist alles schon vorgekommen.

### Der »Ich will eine Beziehung, egal mit wem«-Typ

Jaja, ich weiß, aus Fehlern sollte man lernen. Es gibt allerdings eine Sache, auf die ich schon immer mit schöner Regelmäßigkeit hereingefallen bin: Ich lerne einen Mann kennen, er gibt von Anfang an Vollgas, als müssten wir unsere Liebesgeschichte in einem 90-minütigen Rosamunde-Pilcher-Film unterkriegen, inklusive romantischer, windumtoster Liebesschwüre an Englands rauher Küste und Hochzeit im Garten unseres urigen Cottages. Und statt auf die Alarmglocken zu hören, die schrillen, lasse ich mich von der Romantik und Leidenschaft, die der vermeintliche Traumprinz an den Tag legt, einlullen. Um dann nach ein paar Wochen vor den Trümmern der Vollspeed-Schnulze zu stehen. Ich habe ja vorhin schon von meinem Desaster mit Olli, dem »Ich bin verliebt in die Liebe«-Single, erzählt, der gleichzeitig der perfekte »Ich will eine Beziehung, egal mit wem«-Typ war. Erst gab er Vollgas, dann verschwand er ebenso schnell wieder aus meinem Leben, vermutlich rasant auf dem Weg in die nächste leidenschaftliche Romanze.

Fakt ist, jedes Paar hat sein eigenes Tempo – von mir aus kann jeder, der möchte, bereits am zweiten Tag zum Standesamt rennen. Dennoch halte ich es für vernünftig, sich erst einmal in Ruhe kennenzulernen und sich nicht Hals über Kopf in etwas hineinzustürzen. Leider gibt es in freier Flirtwildbahn viele Männer, die sich auf das Kennenlernen jenseits jedes Tempolimits spezialisiert zu haben scheinen. Bereits beim ersten Date werden große Pläne geschmiedet, nach zwei, drei weiteren Treffen ist aus dem »Ich« schon ein »Wir« geworden.

Klar, der Wille zur Verbindlichkeit ist wichtig, sollte aus einem Flirt etwas Ernstes entstehen, aber sich von null auf 100 täglich zu sehen und auf Knopfdruck so zu leben, als sei man schon seit Ewigkeiten ein Paar, ist in den seltensten Fällen gesund. Außerdem beraubt man sich doch dieser wunderbaren Zeit am Anfang einer Beziehung, in der alles noch so herrlich neu und aufregend ist.

Dass es gerade nach einer langen Singlephase mehr als verlockend sein kann, an einen Mann zu geraten, der von Anfang an nicht im Geringsten zaudert, sondern munter Zukunftspläne schmiedet, weiß ich aus eigener Erfahrung. Und in einem gesunden Maße ist dagegen nichts zu sagen, aber ich hätte definitiv auf die Bremse treten sollen, als Olli bereits nach zwei Treffen Vollgas gab. Ich sollte sofort seine Freunde kennenlernen, er wollte meine treffen, und an Date drei kochte er mir mein Lieblingsessen. Ich hatte von Anfang an das Gefühl, dass bei der ganzen Sache etwas nicht stimmte – und so war es letztendlich auch. Der Typ hatte nach ein paar Wochen alles verschossen, was zu verschießen war, und seine Euphorie war aufgebraucht. Was folgte, war das Kontraprogramm, sprich, gar nicht mehr melden, statt fünfmal am Tag …

*Erkennungsmerkmale des »Ich will eine Beziehung, egal mit wem«-Typs:* Kennenlernen, Familie treffen, Urlaub planen, zusammenziehen – und das am besten in einer Woche.

Dieser Typ Mann legt in Sachen Beziehung ein Tempo vor, als gäbe es dafür einen Preis zu gewinnen. Da wir Frauen in der heutigen Zeit eher an das gegenteilige Exemplar, nämlich den Typ Mann, der sich nicht festlegen kann/will, gewöhnt sind, sind wir sehr anfällig dafür, uns von der Euphorie des Turbolovers mitreißen zu lassen. Gerade nach einer längeren Liebesdurststrecke ist man vor der Masche dieses Männertypus nicht gefeit, und während man sich langsam auf die rasant geschmiedeten Pläne einlässt, hat der Kerl schon wieder umdisponiert.

## Der »Ich tue nur so als ob«-Typ

Man kann nach der großen Liebe suchen oder nach dem nächsten Sexabenteuer. Ist beides legitim. Grundvoraussetzung ist allerdings absolute Ehrlichkeit, denn verschwimmen diese beiden Absichten, können Missverständnisse entstehen und Herzen gebrochen werden. Aus diesem Grund gibt es in der großen Welt des Online-Datings praktischerweise Portale für jedes Bedürfnis. Wer auf der Suche nach einer ernsthaften Beziehung ist, surft auf Partnerportalen wie Parship, FriendScout24, eDarling oder ElitePartner, während man auf Seiten wie C-Date oder First Affair Partner für das nächste unverbindliche Schäferstündchen findet. Scheint also eigentlich alles ganz einfach zu sein.

Ist es aber nicht, denn es gibt leider einen Typ Mann auf dieser Welt, der nutzt die Tatsache, dass sich einsame Frauenherzen auf Partnersuche befinden, gnadenlos aus. Sprich, er treibt sich auf den ernsthaften Partnerportalen herum und spielt den Romeo auf der Suche nach der passenden Julia, obwohl er nur eines im Sinn hat: möglichst schnell und unkompliziert an Sex zu kommen. Und sind wir ehrlich, diese endlosen Dateien an liebeshungrigen Frauen, die sich auf ihren Profilen möglichst perfekt präsentieren, um den Mann fürs Leben zu finden, sind das reinste Schlaraffenland für den »Ich tue nur so als ob«-Typen. Wie ein kleines Kind streift dieser durch den virtuellen Süßwarenladen und nascht an diversen Singlefrauen. Hat er sie dann online um den Finger gewickelt, steht das erste Treffen an, und das endet nicht selten in der Kiste. Klingt nach Klischee, ist bei diesem Typ Mann aber keine Seltenheit.

Nutzt er allerdings Flirt-Apps wie Tinder oder LOVOO, dann sollte Frauen mit ernsten Bindungsabsichten klar sein, dass diese Apps mittlerweile häufig als sogenannte F***-Apps gehandhabt werden. Wer hier nach der großen Liebe sucht, sollte äußerst vorsichtig sein. Selbstverständlich gibt es Männer, die diese Apps mit durchaus ernsthaften Absichten nutzen. So hat vor ein paar Monaten meine Freundin Marie über Tinder ihren Traummann kennengelernt, mit dem sie nach wie vor auf Wolke sieben schwebt, aber das ist meist die Ausnahme von der Regel. Auf diesen Plattformen wird nun mal häufig der schnelle und unverbindliche Sex gesucht – und zwar von Frauen ebenso wie von Männern.

*Erkennungsmerkmale des »Ich tue nur so als ob«-Typs:* Trifft man ihn auf einer Online-Plattform, bei der es ausschließlich um die Suche nach dem nächsten Sexpartner geht, ist die Sache klar. Ist man als Frau selbst dort unterwegs, hat man wahrscheinlich dasselbe im Sinn, alles ist gut, und man kann sich mit gutem Gewissen schlüpfrigen Dingen hingeben. Surft man allerdings auf einer der seriösen Datingseiten – stets mit der Hoffnung im Herzen, auf diesem Wege Mr. Right aus dem Netz zu angeln –, dann ist man leider nie vor dem »Ich tue nur so als ob«-Typen gefeit. Es gibt Männer, denen ist auch die monatliche Prämie, die man bei seriösen Dating-portalen teilweise zahlen muss, nicht zu hoch, um sich ein paar heiße Nummern klarzumachen. Wie im wahren Leben hilft bei der virtuellen Partnersuche auch nur, die Augen offen zu halten, zwischen den Zeilen zu lesen und dem Mann, der wahnsinnig romantische Mails schreibt, nicht von Anfang an bedingungslos zu glauben.

### Der Mann mit Potential

Auch, wenn ich jetzt einige Männertypen genannt habe, die meiner Ansicht nach definitiv in die Kategorie »männliche Fehlgriffe« fallen, soll nicht der Eindruck entstehen, als sei in meiner Welt automatisch jeder schlecht, der neben einem X- auch noch ein Y-Chromosom sein Eigen nennt. Und es steht außer Frage, dass all die miesen Dinge, die beschrieben wurden, ebenso von einer Frau begangen werden können. Natürlich gibt es sie, die Männer mit Potential – sowohl in der realen als auch in der virtuellen Datingwelt. Würde ich daran nicht glauben, dann würde ich sicherlich keine meiner Geschlechtsgenossinnen ermutigen, daran zu glauben, dass der Richtige früher oder später um die Ecke biegt. Aber genau davon bin ich felsenfest überzeugt. Wie dieser Richtige konkret auszusehen hat, kann ich natürlich nicht sagen, da sind wir erneut bei der Sache mit der Handtasche. Jede Frau hat ihren eigenen Männergeschmack. Aber es gibt einige Dinge, die sollte ein Mann an sich haben, um das Potential zu besitzen, der richtige Partner für eine bestimmte Frau zu sein.

Die Grundvoraussetzung ist natürlich die ehrliche Absicht, eine ernsthafte Beziehung eingehen zu wollen. Ob das letztendlich klappt, weiß man vorher natürlich nie, das muss die Zeit zeigen. Aber ohne die Absicht, sich binden zu wollen, hat das Ganze natürlich keinen Sinn. Generell ist Ehrlichkeit meiner Ansicht nach das Attribut, das jeden Mann mit Potential schmücken sollte, denn in der Liebe wird leider nahezu so viel gelogen wie in der Politik. Welche weiteren Attribute Mr. Right mit sich bringen sollte, das liegt natürlich in den Wünschen und Vorstellungen der jeweiligen Frau.

Eine britische Studie vom März 2015 belegt beispielsweise, dass der Traummann der befragten Frauen vor allem eins ist: ziemlich durchschnittlich. 72 Prozent der 1000 Frauen, die an dieser Studie teilgenommen haben, ziehen die liebenswerte Couch-Potato dem megadurchtrainierten Adonis vor, der ständig penibel auf sein Äußeres bedacht ist. Interessanterweise sahen das die Männer, die ebenfalls an dieser Studie teilgenommen haben, ganz anders. Der Idealmann in den Augen der befragten Männer (zumindest von 62 Prozent) ist gänzlich makellos und könnte glatt als muskelbepackter Hipster durchgehen.

Ich finde, diese Umfrageergebnisse zeigen deutlich, dass wir häufig an uns selbst viel zu hohe Ansprüche stellen, wenn es darum geht, einen Partner zu finden. Wir denken stets, wir müssten noch schöner, noch klüger, noch lustiger sein, um endlich Glück in der Liebe zu haben. Dabei vergessen wir häufig, dass sich die vielen Singlemänner und -frauen da draußen wahrscheinlich nur einen ganz normalen Menschen an ihrer Seite wünschen, mit dem sie ihr Leben teilen können. Genauso wenig sollten wir total überhöhte Ansprüche an unseren künftigen Partner stellen. Ganz ehrlich, liebe Frauen, wer vollkommen fixiert darauf ist, dass der Künftige aussehen muss wie Ryan Gosling, den Humor von Jack Black und den IQ von Mark Zuckerberg haben soll, der darf sich nicht wundern, wenn die Partnersuche in etwa so erfolgreich verläuft wie die Bekämpfung der globalen Erderwärmung. Und dass ihnen währenddessen vielleicht ein ganz toller Kerl durch die

Lappen gegangen ist, nur weil er zufällig eher wie Jack Black aussah …

Ich gebe zu, ich schwärme auch mal von dem einen oder anderen Hottie, den ich in einer meiner zahlreichen Klatschzeitschriften entdeckt habe. Und meinen PC schmückt auch kein Geringerer als Hollywood-Schnuckel Scott Eastwood – riesig als Bildschirmschoner, versteht sich. Aber ganz ehrlich, während ich mit 14 beispielsweise noch felsenfest davon überzeugt war, dass mein Zukünftiger eins zu eins so aussehen muss wie Leornardo DiCaprio und eins zu eins so sein muss wie ebendieser in *Romeo und Julia,* so sehe ich das heute, 19 Jahre später, etwas anders. Natürlich darf mein Romeo sexy aussehen, aber viel wichtiger sind mir mittlerweile die inneren Werte wie Humor, Ehrlichkeit und Aufrichtigkeit. Sind die vorhanden, dann stört es mich überhaupt nicht, wenn der Waschbrettbauch in Wirklichkeit ein kleines Waschbärbäuchlein ist.

## Die Sache mit dem Beuteschema

Hand aufs Herz, irgendein Beuteschema bei der Partnerwahl hat wohl jeder. Nur ist es bei jedem Single unterschiedlich ausgeprägt. Während manche Frauen genau die Maße, das Sternzeichen und die Interessen ihres potentiellen Traummanns aufzählen können, ist es anderen nur wichtig, ob er eher zur Fraktion Sportskanone oder gemütlicher Kuschelbär gehört. Ich habe mir jahrelang eingebildet, ein festgelegtes Beuteschema zu haben. So war ich überzeugt davon, dass mein zukünftiger Mann blond sein und absolut dem nordischen Typ entsprechen müsse. Irgendwann ist mir aufgefallen, dass kaum einer meiner Männer blond war. Meine

Ex-Freunde sehen sich in etwa so ähnlich wie Leonardo Di-Caprio und Javier Bardem. Mit meinem Beuteschema scheint es also nicht mehr weit her zu sein. Zumindest nicht im Vergleich zu Boris Becker oder Dieter Bohlen, deren neue Flamme ja stets die Schwester der Verflossenen sein könnte. DAS nennt man Beuteschema ...

Ist es nun schlecht, einen bestimmten Typ Mann zu haben, auf den man steht? Nicht zwingend, denn befindet man sich auf der Suche nach Mr. Right, ist es durchaus hilfreich, zu wissen, wie der Gute denn sein sollte. Ich sollte mir im Klaren darüber sein, welche Eigenschaften mir wichtig sind, schließlich möchte ich mit dem Mann im besten Fall alt und runzlig werden. Charaktereigenschaften wie Humor, Ehrlichkeit und Treue stehen wohl im Anforderungsprofil von so gut wie jeder Singlefrau. Aber ich finde, es schadet auch nicht, bei der Suche etwas mehr ins Detail zu gehen. Denn was bringt es, wenn ich selbst wahnsinnig gerne reise, mir Musik total wichtig ist und ich später mal unbedingt Kinder möchte und dann an einen Mann gerate, der seinen Urlaub am liebsten auf Balkonien verbringt, niemals Lust hat, mich auf ein Konzert zu begleiten, und sich auf gar keinen Fall eine eigene Familie vorstellen kann?

An dieser Stelle höre ich direkt den Einwand: »Aber Gegensätze ziehen sich doch an!« Ja, Gegensätze können sich anziehen. Vor allem zu Beginn einer Beziehung ist es sogar ziemlich spannend, wenn Topf und Deckel unterschiedlich sind und dem anderen so völlig neue Aspekte vermitteln. Aber ich denke, auf Dauer schadet es nicht, zumindest in wichtigen Bereichen des Lebens einen gemeinsamen Nenner zu haben.

Ich kenne viele Paare, die sich wirklich geliebt haben, sich aber aufgrund völlig unterschiedlicher Lebensmodelle getrennt haben. So war es beispielsweise bei meiner lieben

Freundin Karen, die in ihrem Job total engagiert ist und der es wichtig ist, beruflich voranzukommen. Ihr Freund war das absolute Gegenteil. Während sie ständig neue Überstunden aufgebaut hat, hat er es lockerer angehen lassen und viel mehr Energie in seine Freizeitgestaltung gesteckt. Irgendwann kam es zur Trennung – nicht, weil Karen de facto immer mehr gearbeitet hat, sondern weil die Einstellung der beiden zum Thema Karriere und Lebensplanung einfach komplett unterschiedlich war. Während Karen ihren Freund irgendwann nicht mehr sexy fand, war er davon genervt, dass ihr der Job so wichtig war. Auf Dauer konnten die beiden einfach keinen Kompromiss finden.

Mir ist es auch schon passiert, dass ich in einen Mann verliebt war und unsere Ansichten und Vorstellungen leider total auseinandergegangen sind. Nicht selten ging es um die Sache mit der Nähe und der Distanz in einer Beziehung. Während ich grundsätzlich der Ansicht bin, dass es wichtig ist, auch in einer Beziehung noch ein selbständiges Individuum zu sein und ausreichend Freiraum zu haben, sah beispielsweise mein Ex-Freund Andi das völlig anders. Ihm ging es darum, immer alles gemeinsam zu machen, und das wurde mir zu viel. Wollte ich mit meinen Mädels ein Wochenende an den Gardasee fahren, konnte er absolut nicht verstehen, warum ich nicht lieber mit ihm einen kuscheligen Kurzurlaub dort verbringen wollte. Natürlich gab es viele Wochenenden, an denen ich liebend gerne mit ihm einen Romantiktrip an den Gardasee gemacht hätte, aber diese zwei Tage waren nun mal fest für einen ausgelassenen Girlstrip eingeplant, und das hätte ich auch nicht für Pasta und Amore abgesagt.

Ich denke, in einer funktionierenden Beziehung sollte auch immer genügend Platz für Freunde und eigene Interessen sein. Das hat bei Andi und mir immer häufiger zu Streit geführt, und letztendlich hätte sich einer von uns dem anderen zuliebe komplett ändern müssen. Da es meiner Ansicht nach aber das Wichtigste ist, sich selbst und den Partner in einer Beziehung niemals zu verbiegen, haben wir uns getrennt. Wir sind heute noch befreundet, und ich freue mich total, dass er eine Freundin gefunden hat, die sehr ähnliche Vorstellungen vom Leben hat wie er.

Zu wissen, was man möchte, ist also nicht schlecht bei der Suche nach Mr. Right. Wer sich aber zu sehr auf sein Beuteschema fixiert, läuft Gefahr, diese Wunschvorstellung von einem Mann niemals zu treffen – und in der Zwischenzeit den Richtigen vielleicht zu verpassen. Dass man mit 16 vielleicht noch den Anspruch vertritt, der Zukünftige müsse exakt so aussehen und so sein wie der Lieblingsstar auf der *Bravo*, ist völlig okay. Aber als erwachsene Frau total engstirnig irgendeinem Ideal hinterherzulaufen bringt leider überhaupt nichts. Meine gute Bekannte Maja ist so eine Kandidatin. Sie hat sich nicht nur, was die Körpergröße, das Gewicht und die Augenfarbe ihres Traummanns betrifft, festgelegt, sondern auch in Sachen Gehalt und Hobbys. Obwohl sie schon längst nicht mehr zu der Kategorie »glücklicher Single« gehört, weicht sie keinen Millimeter von ihren Vorgaben ab. Jedes Mal, wenn sie einen Mann kennenlernt, gibt es irgendetwas, das der arme Kerl nicht erfüllt. Sie müsste sich Mr. Right wahrscheinlich wirklich backen.

Was das Beuteschema angeht, ist also eine gesunde Mischung das einzig Wahre. Zu wissen, was man möchte, ist gut. Zu engstirnig nach den eigenen Ansprüchen zu suchen, eher kontraproduktiv. Was mich angeht, ich habe meine Ansprüche irgendwann auf zwei Dinge reduziert, von denen ich auch nie abweichen würde: Der Mann an meiner Seite muss mich zum Lachen bringen, und er muss ehrlich sein.

# Andere Stadt, anderer Männertyp?

Bevor es zu lauten Protesten kommt und mir absolute Oberflächlichkeit unterstellt wird, möchte ich an dieser Stelle betonen, dass das, was nun folgt, lediglich auf meinen eigenen Erfahrungen basiert und daher keinesfalls wissenschaftlich belegt ist. Außerdem ist es natürlich nicht bierernst, sondern eher augenzwinkernd gemeint. Aber mir ist aufgefallen, dass sich in unserem schönen Land Männertypen durchaus bestimmten Städten zuordnen lassen. Das gilt natürlich nicht für jeden Kerl, der jetzt zufällig in München oder Berlin lebt, aber nachdem ich einige Zeit in verschiedenen deutschen Städten gewohnt habe, sind mir durchaus gravierende Gemeinsamkeiten der männlichen Stadtbevölkerung aufgefallen. Um meine eigene kleine Studie ein wenig repräsentativer zu gestalten, habe ich zudem einige Freundinnen, die in München, Hamburg, Berlin, Köln, Frankfurt oder Stuttgart leben, nach den Männern in ihrer Heimatstadt befragt. Und siehe da, ein paar (zugegeben klischeehafte) Überschneidungen sind durchaus nicht von der Hand zu weisen.

### Der Münchner

Ich komme eigentlich aus München und habe daher eine ganze Weile dort gelebt. Ich möchte betonen, dass ich in der bayerischen Landeshauptstadt ganz tolle Männer kennengelernt habe, ebenso wie in anderen Städten auch, aber es waren auch einige gewöhnungsbedürftige Exemplare darunter. Mein Münchner Männerbild war lange Zeit geprägt durch die 80er-Jahre-Serie *Monaco Franze* unter der Regie von Helmut Dietl. Der bayerische Kult-Schauspieler Helmut Fischer (1926–1997) verkörperte als »ewiger Stenz« einen charmanten und liebenswerten Casanova, der zwar von Monogamie nichts hielt, aber seine Frau, die er liebevoll Spatzl nannte, aufrichtig verehrte. Ich weiß nicht, ob es an der Zeit liegt, in der wir leben, aber die Männer, die ich in München kennengelernt habe, haben mit dem charmanten Stenz in etwa so viel zu tun wie unsere Kanzlerin mit einem Pin-up-Girl.

Frage ich meine Freundinnen und Bekannten, die aus anderen deutschen Städten kommen, wie sie sich den Mann aus München vorstellen, fallen häufig Dinge wie »BWL-Student«, »Polohemd mit aufgestelltem Kragen« oder »Sohn mit Papis Kreditkarte«. Oder es kommen direkte Vergleiche: »Na wie den Schweini« (Bastian Schweinsteiger, bis 2015 Fußballspieler beim FC Bayern München). Oder – ich nehme an, weniger positiv gemeint – es werden Vergleiche mit Landesvätern aus der bayerischen Politik genannt. Tja, was soll ich sagen, zumindest die ersten drei genannten Klischees bewahrheiten sich meiner Erfahrung nach relativ oft. Ich habe viele Männer kennengelernt, die BWL oder etwas ähnlich Erfolgversprechendes studiert haben und anschließend sehr karriereorientiert ins Arbeitsleben eingestiegen sind. Ist man abends in einer der zahlreichen schickeren Bars oder in Clubs unterwegs, dann stolpert man auch nicht selten über Männer mit Polohemden und/oder aufgestellten Krägen. Auch die Fraktion »Ich bezahle mit Papas Kreditkarte und fühle mich ganz toll dabei« gibt es meiner Erfahrung nach in München besonders vermehrt.

Allerdings ist es nicht so, dass sich in München ausschließlich solche Männer tummeln. Möchte eine Frau dort einen Mann kennenlernen, der nicht dem eben genannten Typus entspricht, dann muss sie einfach nur darauf achten, wo sie auf die Pirsch geht. Wer jetzt eher einen bodenständigen Kerl sucht und mit diesem ganzen Schickeria-Gedöns nichts anfangen kann, der sollte nicht unbedingt Schickimicki-Hotspots wie beispielsweise das P1 aufsuchen. Es ist nämlich natürlich nicht so, dass es in München nur solche Läden gibt. Ich kenne zahlreiche Bars und urige Kneipen, in denen frau Männer treffen kann, die von aufgestellten Krägen so weit entfernt sind wie der FC Bayern von der Zweiten Liga.

*Mein persönliches München-Fazit:* Obwohl ich mit Schickimicki nichts anfangen kann, habe ich tolle Männer in München kennengelernt. Definitiv ein Vorteil an der bayerischen Metropole: Ab einem gewissen Alter sind Münchner Männer relativ bindungswillig und familienorientiert (zumindest im direkten Vergleich mit anderen Städten). Ich kann auch das Klischee bestätigen, dass es in München relativ viele attraktive Männer gibt. Allerdings gibt es noch mehr attraktive Frauen, die auf diese bayerischen Schmankerl aus sind …

### Der Berliner

Seit einigen Jahren lebe ich in Berlin und beschäftige mich daher seitdem hauptsächlich mit den Hauptstädtern. Auch die Hauptstadtmänner entsprechen durchaus dem einen oder anderen Klischee, das ihnen nachgesagt wird. Ich finde beispielsweise, dass es in Berlin überdurchschnittlich viele verrückte Männer gibt – die Bandbreite reicht von neurotisch über ausgeflippt bis hin zu eigensinnig. Man hat das Gefühl, sie werden alle von der Furcht davor vereint, gewöhnlich zu sein. Aber wahrscheinlich liegt das daran, dass es in Berlin überdurchschnittlich viele verrückte Menschen gibt. Während die Münchner Männer, wie bereits erwähnt, gerne mit Begriffen wie »hochgestellter Hemdkragen« oder »BWL« in Zusammenhang gebracht werden, so sind es bei den Berlinern

Worte wie »Hipster«, »gechillt« oder »Start-up«. Müsste man den EINEN Mann aus der Hauptstadt skizzieren, so hätte er einen Vollbart (entweder immer noch oder schon wieder), übermäßig viele Tattoos, trüge eine lässige Bomberjacke und wäre gerade dabei, ein »Start-up« zu gründen.

Kommt man als Frau neu in die Stadt, findet man das wahnsinnig cool, aufregend und so herrlich entspannt. Nach einiger Zeit merkt man allerdings, dass die meisten dieser wahnsinnig kreativen »Start-up«-Männer nur wahnsinnig viel davon reden, was sie alles für Projekte planen, letztlich aber nicht wirklich in die Puschen kommen (meine Freundin Elena nennt Berliner Männer daher gerne »Schluffis«).

Ein Hauptstadtklischee, das ebenfalls stimmt, ist, dass man wahnsinnig einfach an unverbindlichen Sex kommt. Und wahnsinnig schwer an jemanden gerät, der bereit ist, sich unter 40 auf eine ernsthafte Beziehung einzulassen. Natürlich gibt es auch in Berlin glückliche Familien, die vorzugsweise Stadtteile wie Prenzlauer Berg bevölkern. Aber es ist nun mal so, dass man sich in der Regel um einiges später auf eine feste Beziehung festlegt und auch später Kinder bekommt als beispielsweise in München. Das bestätigt mir zumindest die Erfahrung mit meinem Berliner Bekanntenkreis. Und auch ich selbst merke, dass ich eine Freundin aus Bayern, die mit 30 ein Kind kriegt, als besonders jung bezeichne, was mir dort immer fragende Blicke einbringt.

*Mein persönliches Berlin-Fazit:* Ich finde die Männersuche in Berlin verdammt spannend – und verdammt anstrengend. Wirklich praktisch ist, dass in der Hauptstadt für jeden Geschmack etwas dabei ist: Vom coolen Mitte-Hipster über den Prenzlauer-Berg-Öko-Hipster oder den Neukölln-Gangster bis hin zum multikulturellen Kreuzberger, Berliner Männer sind zumindest vom Style her das, was Frauen wollen. Was die Optik betrifft, finde ich in der Hauptstadt ohne weiteres meinen Traummann (groß, tätowiert). Was die amouröse Verbindlichkeit angeht, ist Berlin ein ganz hartes Pflaster. Wie bereits erwähnt, verbindlich wird man erst in älteren Jahren, von Männerseite aus nicht selten erst ab 40, davor geht es in erster Linie um Sex, Drugs and Rock 'n' Roll. Was ja an sich nicht schlecht sein muss, solange man nicht auf der Suche nach einer soliden, festen Partnerschaft ist. Zudem kommt erschwerend hinzu, dass wirklich tolle Männer häufig nur mal eben für ein paar Tage in der Hauptstadt sind, was bedeutet: Spaß ja, aber keine Zukunft in Sachen große Liebe.

### Der Hamburger

Wie bereits erwähnt, hatte ich schon immer ein Faible für den norddeutschen Typ Mann. Groß, blond, nordische Lässigkeit – als Jugendliche war ich unsterblich in den Mann aus der Jever-Bierwerbung verliebt. Fängt ein Kerl an, im Hamburger Dialekt zu schnacken, kriege ich heute noch weiche Knie. Kurz und gut, als ich vor ein paar Jahren mal für ein paar Monate in Hamburg lebte, waren meine Erwartungen an die hiesige Männerwelt groß. Und sie wurden nicht enttäuscht. In meinem ganz persönlichen Städtevergleich schneiden definitiv die Männer aus dem hohen Norden am besten ab. Das hat natürlich sehr viel mit persönlichem Geschmack zu tun, aber in meinen Augen liegen die Hamburger Männer deutschlandweit ganz vorne. Ebenso, wie man die Stadt selbst als guten Mix aus dem schicken München und dem hippen Berlin bezeichnen kann, so sind es meiner Ansicht nach auch die Männer. Hanseatische Attitüde trifft lässigen St.-Pauli-Charme – besser geht's nicht.

Allerdings sollte frau bei den männlichen Nordlichtern

jetzt kein überschäumendes Temperament erwarten. Ich habe festgestellt: Was das Flirten angeht, trifft das Klischee vom kühlen Norddeutschen dann doch wieder zu. Mir ist es anfangs oft passiert, dass ich einen intensiven Blick eines Mannes als Interesse gewertet habe, später aber dann entdeckt habe, dass meine Wimperntusche komplett verschmiert war. Andererseits fühlen sich die Hamburger Männer schon fast bedrängt, wenn man selbst eher extrovertiert und offen ist. Beim Flirten gilt es anscheinend, die feine hanseatische Zurückhaltung zu wahren.

*Mein persönliches Hamburg-Fazit:* Männertechnisch in Deutschland meine Lieblingsstadt, denn dort kann man herrlich unverbindlichen Spaß haben, aber auch den künftigen Ehemann treffen. Dass Ausnahmen aber die Regel bestätigen, beweist die Geschichte mit besagtem Ex-Freund Tom, in den ich unsterblich verliebt war und der mir monatelang verheimlicht hatte, dass er verheiratet war. Er kam gebürtig aus Hamburg, lebte aber in Berlin. Anfangs fand ich diese Mischung hervorragend, denn er sprach Hamburger Dialekt, war groß, tätowiert und wahnsinnig cool. Im Nachhinein betrachtet, war er eben einfach ein fieser Lügner. Und die gibt es nun mal in jeder Stadt dieser Welt ...

### Der Kölner

Wer an Köln denkt, denkt vorrangig an Karneval. Und an ganz viel Kölsch. Und dass diese Kombi nicht selten zu heißem Sex führt, ist irgendwie logisch. Auch wenn ich noch nie in Köln gelebt habe, habe ich schon öfter Freunde dort besucht und konnte mir zumindest einigermaßen ein Bild davon machen, wie der Kölsche Jung so drauf ist.

Generell schreibt man den Rheinländern eine wahnsinnige Offenheit, ständig gute Laune und die Vorliebe zur Geselligkeit zu – und so wie ich die Menschen dort erlebt habe, würde ich das auch so unterschreiben. Man kommt in Köln an, ist den ersten Abend dort unterwegs und hat nach zahlreichen Kölsch am Ende des Abends mindestens fünf neue Freunde. Doch so schnell das dort mit dem Anbandeln geht, so oberflächlich bleiben diese Kontakte in vielen Fällen auch.

Mit den Kölner Männern habe ich das ähnlich erlebt. Es ist wirklich nicht schwer, in der Domstadt einen Kerl kennenzulernen – und im Gegensatz zu den anderen Städten wird frau hier noch richtig offensiv angeflirtet. Kölle Alaaf, hier gibt es noch Männer, die sich trauen, eine Frau anzuquatschen – und sich nicht zu schade sind, das auch zu tun. Das finde ich großartig. Allerdings hat die Sache meiner Erfahrung nach auch einen Haken. Diese wahnsinnig lässige Offenheit, die ich so angenehm an den Kölner Männern finde, setzen sie auch ziemlich häufig ein. Sprich, da wird schon mal eine Lady nach der anderen angequatscht, wer da nicht schnell genug mitzieht, wird eben wieder ausgetauscht. In erster Linie scheint es nämlich um das Flirten an sich, um die Kommunikation und um den Spaß zu gehen.

Ich hatte teilweise das Gefühl, Flirten fällt in Köln unter die Kategorie »sportliche Tätigkeit«. Das ist einerseits natürlich toll, wenn die eigenen Flirt-Skills etwas eingerostet sind und man Lust hat, mal wieder so richtig zu üben. Oder einfach mal wieder unverbindlich Spaß haben will. Apropos, das geht in Köln natürlich am allerbesten zwischen November und Februar, denn im Karneval geht es besonders heiß her. Ich selbst bin absolut kein Fan der fünften Jahreszeit, aber wenn ich mit meinen Freundinnen die Fotos ansehe, die sie in sexy Verkleidungen und durch die Kölner Kneipen schunkelnd zeigen, dann höre ich dazu nicht selten die eine oder andere heiße Geschichte. Aber in den meisten Fällen bleibt es eben beim Spaß. Ich habe lediglich eine Bekannte, die ihren Liebsten auf dem Karneval kennengelernt hat und daher meine Theorie der spaßwütigen und bindungsunwilligen Kölner nicht unbedingt unterschreiben würde.

*Mein persönliches Köln-Fazit:* Ich bin etwas hin- und hergerissen, weil mir eigentlich das Offene und Spaßige, das die meisten Kölner ausstrahlen und ausleben, total sympathisch ist. Ich finde es toll, dass da abends in der Bar wie wild geflirtet wird und man generell sehr schnell viele neue Leute kennenlernt. Allerdings habe ich diese Offenheit hin und wieder auch ein bisschen als Oberflächlichkeit empfunden – und das ist natürlich kontraproduktiv, wenn man eine ernsthafte Beziehung möchte. Daher würde ich sagen, wer flirten oder einfach nur so richtig Spaß haben will, ab nach Kölle! Nur bitte ein bisschen vorsichtig sein, wenn man dort sein Herz verschenkt. Vor allem während der Karnevalszeit!

### Der Frankfurter

Ich gestehe, von allen deutschen Großstädten kenne ich Frankfurt am wenigsten, aber eine sehr enge Freundin von mir lebt dort. Deshalb basieren meine Erfahrungen mit den Frankfurter Männern eher auf den Geschichten, die mir meine Freundin von sich und ihren Singlefreundinnen erzählt, als auf eigenen Erfahrungen. Aber ich bin mir sicher, auch in der Mainmetropole treffen ein paar der gängigen Klischees auf die dortige Männerwelt zu.

Wer an Frankfurt denkt, der denkt an Banker, an teure Anzüge, Penthouse-Wohnungen in »Mainhattan« und süße

Weinstuben in Sachsenhausen. Und ich glaube, dass Frauen, die bei der Partnersuche Wert auf einen Mann mit einem großen beruflichen Ehrgeiz und einem prallgefüllten Bankkonto legen, in Frankfurt fündig werden könnten. Natürlich kommt es auch dort darauf an, wo genau man sich rumtreibt, denn so schickimicki Frankfurt zum Teil auch sein mag, es ist nebenbei auch noch die deutsche Metropole mit der höchsten Kriminalitätsrate. Aber, um bei den Klischees zu bleiben, Goldgräberinnen werden in Sachen reicher Banker/Manager/Arzt hier sicher fündig – und leben später verheiratet und gut betucht im Taunus.

Laut meiner Frankfurter Freundin Birgit sollte man sich schon im engen Radius rund ums Bankenviertel aufhalten, möchte man einen erfolgreichen Anzugträger kennenlernen. Denn diese Spezies Mann verlässt in Frankfurt anscheinend nur ungern das gewohnte Revier. Ein Vorteil: Das Bankwesen ist generell eher männerdominiert – dementsprechend groß ist die Auswahl. Obwohl sich das mit der Auswahl anscheinend insofern relativ schwierig gestaltet, als die Banker & Co. sich ganz gerne unter ihresgleichen verpaaren. So berichtete mir Birgit, dass sie jüngst auf einer Party im Bankenviertel war und dort in der Tat zahlreiche attraktive Kerle in schnieken Anzügen gesehen hat. Dummerweise hielten die meisten eine nicht minder attraktive und schnieke Business-Lady im Arm. Ansonsten ist es in Frankfurt männertechnisch wohl auch nicht sonderlich anders als in anderen deutschen Metropolen. Je nachdem, wo man ausgeht, trifft man Hipster, Normalos und auch den einen oder anderen Gangster-Typen (nicht umsonst gilt Frankfurt als eine Hochburg des deutschen Gangsta-Rap).

Was ich interessant finde, ist die ziemlich einheitliche Aussage, die sämtliche Singlefreundinnen von meiner Freundin zum Thema Online-Dating getroffen haben: Es scheint in der virtuellen Liebeswelt der Bankenmetropole kaum attraktive Singles zu geben. Ich bin mir nicht sicher, inwieweit ich das glauben kann, vor allem, weil Attraktivität ja immer im Auge des Betrachters liegt. Wer sich aber am Main ein optisches Sahnestück sichern möchte, der muss wohl doch einen Ausflug in einen der schicken Clubs im Bankenviertel machen ...

*Mein persönliches Frankfurt-Fazit:* Da mir die persönliche Erfahrung mit den Männern vom Main ja bislang fehlt, kann ich nur vermuten, wie mein Fazit aussehen würde. Da ich den lässigen, bodenständigen und bestenfalls tätowierten Mann dem schnieken Anzugtypen, dem seine Karriere über alles geht, vorziehen würde, kann ich mir nicht wirklich vorstellen, in Frankfurt meinen Traummann kennenzulernen. Ich war in der Schule schon schlecht in Mathe, und Finanzen sind auch heute nicht unbedingt mein thematisches Steckenpferd. Ich stelle mir vor, wie ich in einem dieser schicken Clubs im Bankenviertel sitzen und an einem Martini nippen würde, während der (zweifellos attraktive) Mann im teuren Anzug mir Dinge vom DAX, von Investments und Anlagen erzählt. Ich weiß nicht, so richtig heiß macht mich diese Vorstellung nicht.

### Der Stuttgarter

Mein Vater hat mich schon immer vor zwei Männertypen gewarnt: vor kleinen Männern und vor geizigen. Während aber das Erste einfach eine Geschmackssache ist, gebe ich ihm bei dem zweiten Punkt wirklich recht. Und das hat absolut nichts damit zu tun, dass ich von einem Mann finanziell ausgehalten werden möchte. Im Gegenteil, ich arbeite gerne, um mir mein Leben zu finanzieren. Geiz ist trotzdem keineswegs geil, sondern extrem unsexy. Das hat etwas damit zu tun, das Gefühl vermittelt zu bekommen, dem anderen etwas wert zu sein. Und diese Ansicht ließ meine Alarmglocken in Sachen schwäbische Männer laut schrillen, schließlich sind sie nicht nur für einen gewöhnungsbedürftigen Dialekt, sondern angeblich auch für ihre Sparsamkeit bekannt. Allerdings können diese Klischees weder von mir noch von meinen Freundinnen, die schon mal etwas mit einem Stuttgarter hatten, bestätigt werden. Die Drinks werden also beim Date im schönen Schwabenland keineswegs automatisch getrennt abgerechnet. Mein Ex-Freund Martin, den ich zwar auf Malta kennengelernt habe, aber der gebürtiger Stuttgarter ist, war sogar extrem großzügig – zumindest, soweit es seine finanziellen Möglichkeiten zu Studentenzeiten hergaben. Ebenso großzügig war er übrigens auch mit seinen Gefühlen, er war äußerst offen und liebevoll.

Einige Freundinnen, die bereits auf Stuttgarter Boden Männer kennengelernt haben, berichten allerdings eher davon, dass es dem Stuttgarter Mann sehr wichtig ist, Frauen gegenüber cool zu wirken. Als Vorbild scheint häufig das Modell »Berliner Hipster« zu gelten, was auch die dichte Ansiedlung von Schwaben im Prenzlauer Berg erklären könnte. Bei einem ersten Date spricht der Stuttgarter sehr gerne von sich und vor allem über seinen tollen Job. Was Frauen angeht, ist ihm die Optik seiner Zukünftigen durchaus wichtig, was ihm leider einen Touch von Oberflächlichkeit verleiht. Generell ist der schwäbische Mann schon bindungswillig, wenn auch nicht so sehr wie der Münchner.

*Mein persönliches Stuttgart-Fazit:* Wahrscheinlich liegt es daran, dass der einzige Stuttgarter Mann, mit ich mal zusammen war, wirklich süß war, aber ich finde die Schwabenmänner echt gar nicht so übel. Allerdings könnte es auch daran liegen, dass ich ein großer Fan des Stuttgarter *Tatorts* und heimlich in Felix Klare, der Hauptkommissar Sebastian Bootz spielt, verknallt bin. Egal, ich finde die Jungs aus Stuttgart nett, herrlich offen und durchaus humorvoll – solange sie ihren schwäbischen Dialekt im Griff haben, denn der fällt leider wirklich in die Kategorie »geht gar nicht« …

Aber wie bereits erwähnt, dieses Kapitel über die städtespezifischen Männertypen entbehrt jeglicher wissenschaftlicher Grundlage und basiert lediglich auf meinen Erfahrungen und denen meiner Freundinnen. Aber ich finde, ein bisschen mit den gängigen Klischees zu spielen, ist nicht verboten …

# 3. So geht Flirten offline

## Wie lernt frau heutzutage überhaupt Männer kennen?

Zugegeben, meine Namensvetterin Julia Capulet hatte es nicht leicht, als sie im 16. Jahrhundert mit einem Kerl namens Romeo Montague anbandelte. Ganz große Liebe, keine Frage, nur dummerweise waren die Familien der beiden Turteltäubchen so gar nicht erfreut über diese Verbindung. Dennoch frage ich mich gelegentlich: Was bitte sind denn so ein paar Familienfehden schon gegen die Widrigkeiten, durch die sich eine Singlefrau um die 30 im 21. Jahrhundert schlagen muss? Das Hauptproblem heute lautet in den meisten Fällen nicht: Wie preise ich meinen Romeo der lieben Familie an? Nein, es lautet: Wo zum Teufel steckt der blöde Kerl? Diese Frage wird unter Singlefreundinnen so ziemlich bei jedem Mädelsabend nach dem einen oder anderen Glas Wein auf den Tisch gebracht. Eine zufriedenstellende Antwort gibt es eher selten.

Kein Wunder, dass die meisten Single-Ladys das dringende Bedürfnis haben, sich den perfekten Kerl einfach aus dem nächsten Regal zu pflücken oder ihn am besten portofrei online zu bestellen. Ich habe mich dieser Wunschvorstellung auch schon mehr als einmal mit einem tiefen Seufzen hingegeben. Oder ich habe mir gewünscht, dem Vorschlag meiner Oma nachzukommen, die schon immer meinte, meinen Traummann müsste man backen. Da ich Backen aber in etwa so gut kann wie Integralrechnung, war mir bereits früh klar, dass ich meinen Romeo auf eine andere Weise kennenlernen muss. Und es gibt erstaunlich viele Orte, an denen einem der potentielle Traumpartner über den Weg laufen kann, man muss nur brav die Augen offen halten. Klingt aber leider einfacher, als es ist, denn die Kunst liegt darin, Ausdauer zu beweisen und nie die Hoffnung zu verlieren. Wer sich von seichten TV-Schmonzetten beeinflussen lässt, ist aufgeschmissen, denn bei der erstbesten Autopanne von einem sexy Singlemann mit romantischen Absichten gerettet zu werden passiert nun mal nur sonntagabends im ZDF und nicht im echten Leben. Da dauert es vielleicht schon mal ein paar Autopannen mehr, bis der Zufall sich erbarmt und einen netten Kerl vorbeischickt.

Ob es an den ZDF-Schmonzetten, die ich mir mit Vorliebe reingezogen habe, gelegen hat oder nicht, ich war lange Zeit der festen Überzeugung, seinen Partner lernt man nicht online, sondern in freier Wildbahn kennen. Bevor ich mich also mit Flirt-Apps und Partnerprofilen beschäftigte, testete ich während des Großteils der Jahre, die ich nun schon auf dieser Liebes- und Beziehungsbühne mitspiele, die Flirt-Locations im realen Leben. Praktisch: Es handelt sich dabei meist um Orte, an denen man sich ja so oder so aufhält. Kleiner Aufwand und – mit etwas Glück – große Wirkung. Aber wie gesagt, ohne eine gute Portion Ausdauer, gepaart mit dem Glauben daran, dass es passieren wird, geht es nicht.

# Flirtmöglichkeiten auf dem Prüfstand

*In der Bar/im Club*

Ist man als Single ehrlich zu sich selbst, dann gesteht man sich ein, abends häufig mit der Hoffnung feiern zu gehen, jemanden kennenzulernen. Sei es für die eine Nacht oder für das restliche Leben, aber die Hoffnung, an der Bar, auf der Tanzfläche oder vor dem Zigarettenautomaten einen passablen Kerl oder eine ansehnliche Frau zu treffen, ist stets mit im Partygepäck. Ich bemerke an mir selbst, dass ich als Single wesentlich williger bin, mich auch nach einem anstrengenden Tag noch ins Partyoutfit zu schmeißen und unter Leute zu gehen. Ist man in einer (glücklichen) Beziehung, dann kann es doch häufiger passieren, dass man der Bequemlichkeit nachgibt und die Couch bevorzugt. Schließlich hat man seinen Kuschelpartner bereits und muss den nicht mühsam im Nachtleben suchen.

Nicht umsonst gilt das Weggehen am Abend als der Kennenlernklassiker. Die Vorteile liegen auf der Hand: Man hat sich in Schale geworfen, hat gute Laune, und das eine oder andere Gläschen Alkohol erleichtert die Kontaktaufnahme meist auch nicht unwesentlich. Hier liegt allerdings zugleich die Krux, denn wer zu tief ins Glas guckt, läuft Gefahr, morgens neben jemandem aufzuwachen, den man sich in etwa so gut als künftigen Partner vorstellen kann wie Hannibal Lecter. Oder – auch nicht viel besser – man hat jemanden kennengelernt, den man nüchtern immer noch toll findet, nur leider basierte dessen Zuneigung nur auf vier Gin Tonic. Nichtsdestotrotz lernen sich nach wie vor glückliche Paare im Nachtleben kennen und teilen fortan ihre weiteren Nächte miteinander. Bei der Kontaktaufnahme beim Weggehen gilt, es gibt bessere und schlechtere Flirt-Locations:

*Die Kneipe/Bar:* Meiner Ansicht nach ein guter Ort, um jemanden kennenzulernen, denn im Gegensatz zu einem Club ist es meist nicht allzu laut und im besten Fall auch nicht allzu voll. Da viele längere Abende zunächst bei dem einen oder anderen Aperitif in einer Bar starten, trinkt man sich gerade erst warm. Sprich, man hat schon so viel intus, dass auch Schüchterne beim Flirten etwas lockerer werden, kippt aber noch nicht vom Stuhl. In eine Bar geht man in der Regel, um sich zu unterhalten und neue Bekanntschaften zu knüpfen. Und das ist doch schon mal eine gute Grundvoraussetzung. Wer also den Blick schweifen lässt und tatsächlich jemanden entdeckt, der ins Beuteschema fällt, hat gute Chancen, den weiteren Abend in netter Gesellschaft zu verbringen. Ich persönlich plädiere sehr für die gute alte Bar/Kneipe als Flirt-Location.

*Der Club:* Nachts in einem Club steht eindeutig der Spaß an erster Stelle. Da wird so mancher Drink gekippt und auf der Tanzfläche so richtig die Sau rausgelassen. Klar kann man auch hier jemanden kennenlernen, aber erstens ist die Frage, ob man das in dem Stadium, in dem sich die meisten Menschen spätnachts in einem Club befinden, überhaupt noch möchte, und zweitens, wie das denn gehen soll. Sind nicht ganz zufällig beide Meister in Gebärdensprache, dürfte eine erste Kommunikation schwierig werden.

Ich kann nur sagen, ich habe schon öfter einen Mann beim Tanzen in einem Club kennengelernt. Ich hatte zeitweise auch viel Spaß mit diesen Bekanntschaften, aber es handelt sich zumindest für mich nicht um eine vielversprechende Alternative, die große Liebe zu treffen. Allerdings bewahrheitet sich auch hier wieder die Sache mit den Ausnahmen und den Regeln, denn vor einigen Jahren habe ich mich nach einem feuchtfröhlichen Abend auf dem Münchner Oktoberfest von einer Freundin dazu überreden lassen, noch ins P1 zu gehen. Auch wenn dieser Hotspot der Münchner Schickeria eigentlich gar nicht meinem Geschmack entspricht, habe ich dort einen Mann kennengelernt, bei dem es wirklich Liebe auf den ersten Blick war. Sebastian war der Prototyp eines Münchners, was auch seine Anwesenheit im P1 erklärte. Dennoch hatte es etwas Magisches, als wir uns dort auf der Tanzfläche das erste Mal in die Augen geschaut haben. Dem intensiven Augenkontakt folgte intensives Knutschen, eine gemeinsame erste Nacht und ein paar gemeinsame Monate. Auch, wenn diese Beziehung nicht wirklich lange gehalten hat, zeigt diese Geschichte, dass man natürlich auch in einem Club einen Kerl mit Potential kennenlernen kann.

*Das Konzert:* Sich auf einem Konzert kennenzulernen ist meiner Ansicht nach eine gute Sache. Klar, das Argument mit der Lautstärke kann man auch hier bringen, allerdings zeigt sich schon mal insofern eine nicht unwichtige Gemeinsamkeit, als man anscheinend auf dieselbe Musik steht (sofern man nicht nur von Freunden mitgeschleppt wurde). Zudem versprüht die Atmosphäre auf den meisten Konzerten einen gewissen Zauber. Man trinkt Bier aus Pappbechern, fühlt sich euphorisch dank der Musik und teilt dieses Gefühl intensiv mit den anderen Konzertbesuchern. Keine schlechte Basis, einen potentiellen Partner kennenzulernen …

Mir selbst ist das leider noch nie passiert, aber meine Unifreundin Maja hat sich auf dem Angus-&-Julia-Stone-Konzert in Berlin unsterblich in den netten Typen verliebt, der den ganzen Abend neben ihr stand und ihr spontan ein Bier spendiert hat. Bei diesem Konzert wäre mir aber wahrscheinlich wie vielen anderen anwesenden Singlefrauen gar kein potentieller Kerl aufgefallen, denn es galt für die meisten, Angus Stone auf der Bühne anzuschmachten …

Woher das weitverbreitete Klischee kommt, seinen Traummann würde man ganz zufällig im Supermarkt kennenlernen, ist mir wirklich ein Rätsel. Ich tippe darauf, dass entweder ein Drehbuch für eine Rosamunde-Pilcher-Verfilmung oder irgendeine Daily Soap der Urheber dieses Schwachsinns ist. Ich weiß nicht, wie viele Male ich in meinem Leben schon in einem Supermarkt war – meinen Traummann habe ich dort zwischen Paprika und Kosmetikartikeln bislang nicht entdeckt.

Erstens ist man in der Regel dort, um zu verhindern, dass man nach der Arbeit den grausamen Hungertod stirbt. Und ganz ehrlich, die meisten, die da nach Feierabend müde und unterzuckert in der Kassenschlange stehen, träumen von der Couch und nicht von einem heißen Flirt. Außerdem ist es so, dass die tollen Männer, die ich dort alle Jubeljahre mal sehe, entweder für ihre zauberhafte Familie einkaufen oder diese gleich dabeihaben. Und so verzweifelt, dass ich die Einkaufswagen ansehnlicher Männer auf ihren möglichen Beziehungsstatus untersuche, war ich auch in langen Singlephasen nie. Was allerdings für den Supermarkt als Flirt-Location spricht, ist die Tatsache, dass dorthin früher oder später jeder mal muss. Es sei denn, man baut sich sein Essen selbst an und lebt autark – was wahrscheinlich eher selten der Fall ist.

Generell besteht natürlich immer die Chance, den Partner fürs Leben in einer ganz banalen Alltagssituation kennenzulernen. Die Voraussetzung: Man muss offen dafür sein und gerne flirten. Denn eines ist sicher: Selbst, wenn nicht bei jedem Flirt etwas Ernstes herauskommt, wie langweilig wäre das Leben ohne diese kleinen zauberhaften Augenblicke, die jeden noch so grauen Alltag versüßen? Das kann in der Post sein, während man mal wieder ewig anstehen muss, um ein Päckchen aufzugeben. Das kann beim Bäcker passieren oder an der Bushaltestelle. Der Moment, in dem dir in der hoffnungslos überfüllten Post das erste Mal auffällt, dass der süße Kerl in der Schlange nebenan immer wieder unauffällig zu dir rüberlächelt, um dann schnell wieder wegzugucken, ist ganz schön aufregend. Das kann so viele Endorphine ausschütten, dass sich dein eben noch verspürter Hass auf die Post in aufregendes Bauchkribbeln verwandelt. Dein eben noch missmutig verzogenes Gesicht verselbständigt sich zu diesem wunderbar glücklichen (und, zugegeben, manchmal auch debilen) Grinsen, das nur ein spontaner Flirt hervorrufen kann. Dafür hat sich das lange Anstehen schon wieder irgendwie gelohnt!

Dass übrigens jede Regel eine Ausnahme hat, beweist mal wieder die schöne Geschichte, dass meine Cousine ihren Freund tatsächlich in einem Supermarkt kennengelernt hat. Zwischen Wursttheke und Kühlregal kam es zu einem intensiven Augenkontakt – und heute sind die beiden bereits seit einer geraumen Weile glücklich. Will heißen: Nur, weil ich ein Supermarkt-Pessimist bin, sollte das niemanden davon abhalten, dort auf das große Glück zu hoffen.

### Bei der Arbeit

»Never f*** the Company« oder »Tauche niemals deinen Füller in Firmentinte« – weise Sprüche, die unmissverständlich klarmachen sollen, wie doof es ist, die Arbeit als Partnerbörse zu sehen, gibt es viele. Was diversen Umfragen zufolge zwei Drittel der paarungswilligen Deutschen nicht davon abhält, von prickelnder Erotik im Großraumbüro zu träumen. Teilweise wird allerdings zu Recht vor der Amore im Büro gewarnt, unter anderem aus folgenden Gründen:

Am Anfang ist die (Arbeits-)Welt noch rosarot, man freut

sich jeden Morgen darauf, endlich ins Büro zu dürfen. Heimliche Blicke am Konferenztisch, verstohlene Küsse in der Kaffeeküche – eine Liebelei am Arbeitsplatz kann ganz schön prickelnd sein. Sollte die Liaison allerdings schiefgehen und es zur Trennung kommen, wird Abhaken äußerst schwierig, wenn man dem Ex täglich im Großraumbüro gegenübersitzt. Aus den Augen, aus dem Sinn hat hier keine Chance.

Keine Lust, im Zentrum des kollegialen Interesses zu stehen? Dumm gelaufen, denn selten gerät man so schnell genau dorthin wie durch ein Techtelmechtel mit einem Arbeitskollegen. Sollte man also nicht so gern im Spotlight baden wie Kim Kardashian, Lindsay Lohan & Co., sollte man dies besser vorher berücksichtigen.

Es gibt eine Grundregel, die meiner Ansicht nach tunlichst zu beachten ist: keine Beziehung mit einer ranghöheren Person! Sollte die Sache nach hinten losgehen, wirkt sich das selten positiv auf das Arbeitsklima aus. Und selbst, wenn die Beziehung funktionieren sollte, muss man stets damit rechnen, dass es hinter dem Rücken heißt, man hätte sich hochgeschlafen. Auch die Arbeitsbeziehung zwischen Chef und Angestellter leidet häufig, wenn man nebenbei auch das Bett miteinander teilt. Entweder die Kollegen murren, weil sie befürchten, die Süße vom Boss hätte Vorteile, oder der Boss selbst ist besonders streng zur Liebsten, um solchen Anschuldigungen vorzubeugen. Klar kann es passieren, dass man sich in seinen Chef verliebt und das Ganze in einer ernsthaften Beziehung mündet. Dann sollte man aber besser über einen Abteilungswechsel nachdenken.

Trotz dieser – meiner Ansicht nach – berechtigten Bedenken gegen die Liebe am Arbeitsplatz bin auch ich in meinem bisherigen Berufsleben schon mal schwach geworden und habe etwas mit einem Kollegen angefangen. Auch wenn dabei

nicht die große Liebe herausgekommen ist, bin ich bislang Gott sei Dank von größeren Dramen verschont geblieben (wenn man von dem unguten Gefühl absieht, einer bestimmten Person in dem Gebäude nicht begegnen zu wollen, und dann natürlich ausgerechnet dieser über den Weg läuft …).
Mein Glück war, dass ich kurz, nachdem ich mit dem Kollegen zusammengekommen war, sowieso den Job gewechselt habe. Somit ist uns das gemeinsame Arbeiten, und nach der Trennung auch das ständige Sich-über-den-Weg-laufen-Müssen, erspart geblieben.

Ein anderes Mal lief etwas zwischen einem Kollegen und mir ganz klassisch auf einer Betriebsfeier. Auch, wenn es für uns beide klar war, dass das den leckeren Longdrinks geschuldet war und eine einmalige Sache bleiben würde, waren die ersten Male, als wir uns in der Kantine oder beim Rauchen auf dem Balkon begegnet sind, etwas komisch. Mit der Zeit ist diese Unsicherheit aber verschwunden, und wir konnten wieder völlig ungezwungen miteinander umgehen. Die einzige Regel, die ich mir in Sachen Liebe am Arbeitsplatz auferlegt habe, ist, nichts mit einem Mann anzufangen, der entweder mein Vorgesetzter ist oder in meinem engeren Umfeld sitzt. Der Stress, der aus diesen Konstellationen entstehen könnte, wäre mir definitiv zu groß.

Davon kann eine ehemalige Unifreundin von mir ein Lied singen. Sie hat – entgegen sämtlichen Warnungen – etwas mit ihrem Chef angefangen, und zwar, als sie noch mitten in der Ausbildung steckte. Anfangs war alles noch ganz prickelnd, ihr Ego wurde gepusht, die beiden turtelten sich durch den Arbeitstag und bis tief in den Feierabend hinein – und jeder in der Abteilung wusste es. Dass es den Beliebtheitsgrad meiner Bekannten bei ihren Kollegen nicht unbedingt gesteigert hat, muss ich nicht extra erwähnen. Doch richtig schwierig wurde es, als ihre Verliebtheit plötzlich abflaute, in erster Linie, weil ihr der Altersunterschied zwischen den beiden doch zu groß wurde. Sie trennte sich, womit ihr Chef überhaupt nicht klarkam. Und als ihre Ausbildung vorbei war, trennte er sich von ihr. Also beruflich. Für mich ein gutes Beispiel dafür, dass die Romanze Angestellte–Chef oder Chefin–Angestellter selten eine gute Idee ist.

Doch warum ist für viele Singles der Arbeitsplatz überhaupt ein so beliebter Ort, um einen Partner kennenzulernen? Die Antwort ist klar: Nirgendwo verbringt ein berufstätiger Mensch mehr Zeit. Ich bin gezwungen, jeden Tag aufzustehen, mich optisch in einen ansehnlichen Zustand zu versetzen und ins Büro/an meinen Arbeitsplatz zu gehen. Zudem kann es den drögen Arbeitsalltag versüßen, wenn man sich täglich freut, eine bestimmte Person dort zu sehen. Liebe am Arbeitsplatz kann also funktionieren, sofern man ein paar Regeln beachtet:

*Immer schön professionell bleiben.* »Hasibär, reichst du mir bitte mal den Ordner rüber?« – Kosenamen und intimes Pärchen-Gesäusel haben im Büro nichts zu suchen, denn das nervt nicht nur die Kollegen, sondern ist auch ganz schön peinlich. Ist man mit einem Kollegen liiert, sollte man in der Lage sein, am Arbeitsplatz vom Pärchen- auf den Kollegenmodus umzuschalten. Auch, wenn es zugegebenermaßen nicht immer leicht ist, beispielsweise nach einem Streit, souverän mit dem anderen umzugehen, denn aus dem Weg gehen kann man sich in einer solchen Situation ja schlecht. Aber das gehört zu den Dingen, deren man sich im Vorfeld bewusst sein sollte.

*Sex auf dem Kopierer ist bestenfalls die Handlung eines billigen Erotikstreifens.* Es ist nicht nur unangenehm, wenn man erwischt wird, sondern fällt auch unter »Erregung öffentlichen Ärgernisses« und ist verboten. Auch, wenn man sich im Büro verliebt – Orte, um das auszuleben, gibt es doch wirklich schönere.

*Traute Zweisamkeit?* Nur, weil man plötzlich mit dem schicken Kerl aus dem Marketing liiert ist, sollte man nicht alle Lunch-Dates mit den Kollegen canceln. Für das Zweierding ist nach Feierabend doch immer noch ausreichend Zeit.

*Ärger im Paradies?* In diesem Fall auf keinen Fall die Kollegen als Streitschlichter mit hineinziehen oder sie ständig mit dem Pärchen-Stress langweilen. Das ist nicht nur unprofessionell, sondern auch ungerecht, schließlich können die Kollegen nur schwer die Flucht ergreifen, wenn es ihnen zu viel wird.

*Es ist aus?* Klar, eine gescheiterte Bürobeziehung ist eine blöde Sache, vor allem, wenn man in derselben Abteilung arbeitet und sich nach der Trennung am liebsten den Locher an den Kopf werfen würde. Jetzt heißt es, nüchtern und professionell zu bleiben und sich um einen fairen Umgang miteinander zu bemühen. Wer das absolut nicht hinbekommt, sollte über eine Versetzung nachdenken.

*Fazit:* Der Arbeitsplatz ist ein gängiger, beliebter, aber auch nicht zwingend unkomplizierter Ort, um seinen Partner kennenzulernen. Wer ein paar Regeln beachtet, kann sein großes Glück zwischen Aktenordnern und Kantinenessen durchaus finden. Dennoch sollte man nicht aus hormonellem Überschwang das gute Arbeitsklima, die Beziehung zu den Kollegen oder gar seinen Job aufs Spiel setzen.

Singles auf der Suche nach der großen Liebe wird häufig geraten, möglichst viel zu unternehmen, denn dann wird man früher oder später schon jemanden kennenlernen. Das ergibt durchaus Sinn. Und lerne ich meinen Traumprinzen bei meinem liebsten Hobby kennen, dann zeigt sich dadurch praktischerweise bereits, dass wir zumindest teilweise die gleichen Interessen haben. Das kann klappen, keine Frage. Allerdings hängt das immer damit zusammen, welche Interessen/Hobbys man hat. Mich macht die Frage in dem Zusammenhang immer etwas nervös, denn in Ermangelung von wahnsinnig coolen oder spannenden Hobbys müsste ich meinen Traumprinzen entweder beim Shoppen, beim Gin-Tonic-Trinken mit den Mädels oder beim Wellnessen kennenlernen. Zugegeben, eher unwahrscheinlich.

Aber welche Freizeitaktivitäten sind denn gute Möglichkeiten, einen potentiellen Partner kennenzulernen? Definitiv die meisten Sportarten – von Tennis über Klettern bis hin zu Mannschaftssportarten. Bei kaum einer anderen Gelegenheit kann man sich von den körperlichen Vorzügen des anderen so gut überzeugen – und natürlich auch seine eigenen präsentieren. Es heißt schließlich nicht umsonst »Sport verbindet« – man kommt sich dabei schnell nahe. Viele Singles tun sich schwer damit, mit dem Objekt ihrer Begierde überhaupt ins Gespräch zu kommen. Beim Sport ist das gar kein Problem. Man tarnt das Ganze einfach als »Fachgespräch« über die jeweilige Sportart, und schon ist man mitten im Gespräch. Zudem kann man sich unkompliziert mit dem Flirtpartner verabreden – zum nächsten Tennismatch oder Sportkurs.

Nicht nur körperliche Ertüchtigung, sondern auch »Vegan kochen für Anfänger«, eine Theatergruppe, ein Fotokurs oder ein soziales Ehrenamt können tolle Gelegenheiten sein, jemanden kennenzulernen. Die Hauptsache ist, man geht raus und trifft immer wieder neue, spannende Menschen. Früher oder später ist jemand dabei, bei dem es sich lohnt, ihn noch ein Stück besser kennenzulernen. So hat eine gute Freundin von mir ihre große Liebe bei einem Tandem-Sprachkurs kennengelernt. Er sollte ihr Italienisch beibringen, sie ihm im Gegenzug dafür Deutsch. Sie sprechen zwar immer noch hauptsächlich Englisch miteinander, sind aber äußerst glücklich …

### Im Freundeskreis

Nicht neu, aber immer wieder bewährt, ist die Möglichkeit, seine bessere Hälfte über Freunde, Freundesfreunde oder sonst irgendwelche Bekannte kennenzulernen. Erstens kann man im Großen und Ganzen davon ausgehen, dass die Menschen, die unsere Freunde mögen, wahrscheinlich keine absoluten Vollpfosten sind (Ausnahmen bestätigen hier natürlich wie immer die Regel!). Zweitens kommt man selten so leicht an neue Bekanntschaften wie dadurch, dass Freund X zur Party noch jemanden mitbringt, ebenso wie Freund Y und Freund Z. Ich war zwar nie gut in Wahrscheinlichkeitsrechnung, aber dadurch, dass auf diese Art und Weise immer wieder neue Menschen in unserem Leben auftauchen, steigt die Wahrscheinlichkeit, dass irgendwann der perfekte Partner darunter ist.

Nervig wird es allerdings, wenn man Freunde hat, die es sich zur Aufgabe gemacht haben, einen zu verkuppeln. Solche Freunde hat wohl jeder. Klar, sie meinen es gut, aber es gibt Menschen, die legen einen unglaublich großen Ehrgeiz an den Tag, wenn es darum geht, eine vermeintlich einsame Singlefrau an den Mann zu bringen. Ich persönlich glaube zwar, dass es eine gute Möglichkeit ist, jemanden über den Freundeskreis kennenzulernen, aber ich möchte das bitte gerne selbst tun. Was bedeutet, dass ich meinen Freunden, die Liebessamariter spielen wollen, das tunlichst untersage. Denn eine schlechte Verkupplungsaktion kann unter Umständen schon mal eine Freundschaft killen. So habe ich die Freundschaft zu meiner ehemaligen Kommilitonin Eva beendet, nachdem sie mich mit ihrem damaligen WG-Mitbewohner Alex verkuppeln wollte. Alex und ich hätten in etwa so gut zusammengepasst wie Helene Fischer und Skandalmusiker Pete Doherty, und dieser Verkupplungsversuch zeigte deutlich, dass sie mich nicht sonderlich gut kannte.

### Auf Hochzeiten

Zugegeben, ich war noch nicht auf übermäßig vielen Hochzeiten, aber da ich die wenigen, auf denen ich war, als Single überstanden habe, habe ich schon einiges im Hinblick auf die Flirtmöglichkeiten auf derartigen Festivitäten gelernt. Was soll ich sagen, jede Frau, die schon mal als Single auf einer Hochzeit war, weiß, das ist keine einfache Kiste. Es gibt natürlich wieder die wunderbaren Klischees, dass einsame Herzen auf einem so romantischen Event ganz easy ihren Traumprinzen treffen oder dass die Brautjungfer automatisch den knackigen Trauzeugen abgreift – ich kann das jetzt nicht unbedingt bestätigen. Im Gegenteil, manchmal hätte ich mich bei der Wahl »Vier Hochzeiten oder ein Todesfall« eiskalt für den Todesfall entschieden. Eine Hochzeit kann für Singles unter Umständen nämlich absolut grauenhaft sein.

Zu den positiven Aspekten darf gezählt werden, dass bei solchen Feiern in der Regel viele Menschen und somit auch viele Männer zugegen sind. Mit etwas Glück auch ein paar Singlemänner. Mit noch mehr Glück sogar ein paar coole

Singlemänner. Außerdem dreht sich das ganze Event um die Liebe, und somit ist die Atmosphäre perfekt für einen Flirt. Alles steht im Zeichen der Romantik, es wird gelacht, getrunken und getanzt. Kein Wunder, dass bei Singles beiden Geschlechts der Wunsch nach Liebe aufkommt, wenn man den ganzen Tag das glückliche Brautpaar vor der Nase turteln sieht.

So eine Hochzeit ist auch insofern gut, als man Leute kennenlernt, die man vorher häufig noch nicht kannte. Bin ich beispielsweise mit der Braut befreundet, dann lerne ich aus dem Freundeskreis des Bräutigams bestimmt neue Leute kennen. Und es ist ja nie gesagt, dass unter diesen nicht mein Traumprinz ist. Das kann passieren, muss aber natürlich nicht. Mir ist es ehrlich gesagt bisher noch auf keiner Hochzeit passiert – auch, wenn ich die Hoffnung natürlich immer hatte. Schließlich passen bei diesem Fest wie bereits erwähnt alle Rahmenbedingungen. In der Realität sieht es meiner Erfahrung nach meist so aus: Es ist ein schönes, lustiges und romantisches Fest, man hat Spaß und lernt auch nette Menschen kennen, aber ein Kerl springt am Ende nicht dabei raus.

Das Schlimmste, was das Brautpaar einem Single antun kann, ist, das Ganze zu forcieren, indem es einen Singletisch gibt. Meiner Meinung nach ist das Synonym für »Hölle auf Erden« das Wort »Singletisch«! Ganz ehrlich, demütigender geht es nicht. Es mag sein, dass es das Brautpaar gut meint und – wahrscheinlich, weil sie gerade völlig mit Liebeshormonen zugedröhnt sind – den armen Solisten aus ihrer beider Freundeskreisen einen Gefallen tun und vermeintlich einsame Herzen zusammenführen wollen.

Bitte, liebe Brautpaare, lasst diesen Unsinn! Selbst, wenn man kein verzweifelter, sondern ein entspannter Single ist, gibt das einem das Gefühl, gebrandmarkt zu werden. So nach dem Motto: Wenn der oder die es nicht alleine hinkriegt, dann setzen wir diese Liebes-Loser einfach alle an einen Tisch, schenken reichlich Alkohol aus, und dann wird sich schon das eine oder andere Paar finden. Nein, tut es meist nicht! Was unter anderem daran liegt, dass es ab einem gewissen Alter nicht mehr übermäßig viele Singles auf Hochzeiten gibt. Die kümmerlichen Reste werden dann eben zusammengesetzt – ohne die Berücksichtigung der Frage, ob da tatsächlich jemand zusammenpassen könnte. Oft werden auch aus praktischen Gründen die Menschen, die ohne Begleitung kommen, an einem Tisch plaziert. Das vereinfacht die Planung der Sitzordnung.

So oder so steckt kein ausgeklügeltes Verkupplungskonzept dahinter, und das sorgt nicht selten dafür, dass sich die lässige Freelancerin so gar nicht mit dem stocksteifen Finanzbeamten versteht, der als ihr Tischherr auserkoren wurde. Bis das Essen vorbei und die Tanzfläche eröffnet ist, müssen diese beiden also zwangsweise irgendwie Konversation machen, und das Einzige, das sie verbindet, ist das blöde Gefühl, am Singletisch sitzen zu müssen. Ich hatte schon mal das Vergnügen, in eine derartige Situation zu geraten, und ich habe mir geschworen, sollte ich noch einmal als Single auf eine Hochzeit mit Singletisch eingeladen werden, dann würde ich mir notfalls eine Begleitung über einen Escortservice buchen. Oder zumindest einen meiner männlichen Freunde dazu verdonnern, mit mir dorthin zu gehen.

Es gibt allerdings auch eine andere Möglichkeit, auf die kluge Brautpaare zurückgreifen, und zwar, die Singles geschickt an den Tischen zu verteilen. Dann sitzen Paare neben Singles neben der Verwandtschaft. Dabei gibt es zwar auch theoretisch die Möglichkeit, dass sich zwei Singles finden, aber es geschieht nicht unter dem schrecklichen Stempel des

Singletisches, sondern unauffällig mitten in der Hochzeitsgesellschaft. Als ich das letzte Mal solo auf einer Hochzeit war, hatte es das Brautpaar genau so gelöst, und auch, wenn ich an diesem Abend nicht meinen Traumprinzen getroffen habe, habe ich einige nette Leute kennengelernt und mit ihnen einen tollen Abend erlebt. Und zwar sowohl mit Singles als auch mit netten Paaren. Sollte ich also jemals heiraten, dann werde ich meinen Singlefreunden die Bürde des Singletisches auf jeden Fall ersparen.

## Im Fitnessstudio

Lesen Menschen aus meinem näheren Umfeld an dieser Stelle, dass ich ernsthaft das Fitnessstudio als Flirt-Location unter die Lupe genommen habe, dürfte das für große Erheiterung sorgen. Ich bin nämlich bekennender Sportmuffel und habe derartige Studios lange als Vorhof zur Hölle angesehen. Dass ich mittlerweile doch hin und wieder hingehe, liegt ausschließlich daran, dass ich schmerzlich erkennen musste, dass man als Frau über 30 nicht mehr vom Nixtun schlank und knackig bleibt. Und da mein Studio kein reiner Frauen-Fitnesstempel ist, kann man dort hervorragend Feldstudien in Sachen Flirttauglichkeit unternehmen.

Vorteil: Es tummeln sich dort Männer jeglichen Alters – und jeglicher Statur. Frauen, die auf die Fraktion Pumper stehen, können dort Sixpacks und Bizeps en masse bewundern. Es gibt aber natürlich auch die »normalen« Jungs, die aus demselben Grund da sind wie man selbst: weil der körperliche Verfall ab einem gewissen Alter nun mal aufgehalten werden muss (die sind mir persönlich übrigens am sympathischsten). Und dann gibt es natürlich die Fitnesstrainer, die ihre Kohle damit verdienen, knackig auszusehen und arme

Menschen in Bestform zu schinden. Ein weiterer Vorteil: Aufgrund der meist knappen Sportbekleidung kauft frau hier sicher nicht den Kater im Sack. Shorts und enge Shirts lassen nicht viel Raum für Fantasie.

Bei aller Freude darüber sollte man aber besser nicht vergessen, dass das andersherum ja auch gilt. Da ich ja schlecht in einem überdimensionalen »Onesie« durchs Studio springen kann, enthülle ich in meinen Sportklamotten auch meine körperlichen Baustellen. Überhaupt finde ich, dass man beim Sport alles andere als flirttauglich aussieht. Verschwitzt, verstrubbelt, rot im Gesicht – ich sehe es ehrlich gesagt nicht kommen, dass ich in diesem Zustand den Vater meiner Kinder kennenlerne. Meine Freundin Ina dagegen plädiert durchaus fürs Fitnessstudio als Bagger-Location (ich sage nur: Sixpacks etc.) und nimmt sich eben vor dem Sport ein bisschen mehr Zeit für das Styling. Ich war mal mit ihr beim Pilates, und ich muss sagen, sie sah wirklich verdammt knackig aus. Leider scheitert es bei ihren Fitnessstudio-Beutezügen meist daran, dass sie optisch die Sorte »Pumper« bevorzugt, intellektuell von diesen aber meist nicht bekommt, was sie sich wünscht. Für mich war das Fitnessstudio, wie bereits erwähnt, nie eine ernstzunehmende Flirt-Location, ich gehe sogar so weit, dass ich Sport generell lieber ohne den Mann an meiner Seite mache. Aber da tickt ja jede(r) anders.

## Im Baumarkt

Okay, okay, ertappt, in einen Baumarkt zu gehen, in der Hoffnung, dort einen echten Kerl kennenzulernen, klingt nach furchtbar abgedroschenem Klischee. Aber Klischee hin, Klischee her, der gute alte Baumarkt ist durchaus nicht zu verachten, wenn es um eine geeignete Flirt-Location geht.

Warum? Ganz einfach, trotz jeglicher Emanzipation ist der Baumarkt vorrangig eine Männerdomäne. Sprich: Dort gibt es Männer. Viele Männer ... Zwischen Spanholzplatten, Schlagbohrern und Farbpaletten lässt es sich wirklich hervorragend flirten. Und frau muss dafür wirklich nicht einen auf hilfloses Dummchen machen, das hofft, von einem handwerklich begabten Ritter erlöst zu werden. Nein, ich habe festgestellt, dass die wirklich guten Männer eher von Frauen angezogen werden, die eben auch in einer derartigen Männerdomäne gut klarkommen.

Ganz ehrlich, ich würde im Heimwerken keinen Blumentopf gewinnen, aber darum geht es doch gar nicht. Ich muss als Frau im Baumarkt nur so tun, als hätte ich einen groben Plan, und für das Feintuning frage ich einfach den scharfen Kerl, der mir von Anfang an ins Auge gestochen ist. Klar, es gibt auch Frauen, die versuchen es auf die »Ich bin so schrecklich hilflos«-Tour – und haben damit Erfolg. Im Krieg und in der Liebe ist ja bekanntlich alles erlaubt.

Einen Wermutstropfen gibt es aber schon in Sachen Flirt-Location Baumarkt. In den Baumarkt gehen viele Menschen mit Nestbautrieb und daher auch viele Männer, die vergeben sind. Hier gilt es also, geschickt die Singles aus diesen herauszupicken, was in erster Linie natürlich dadurch geht, dass diese mutterseelenallein oder mit einem Kumpel ihren Wagen durch die Reihen schieben. Ein weiteres Indiz für seinen Beziehungsstatus kann natürlich sein, was er im Baumarkt einkauft. Steht er verdächtig lange vor Regalen mit Produkten, die dafür da sein könnten, Wohnungen kindersicher zu machen, ist das logischerweise ein schlechtes Zeichen. Auch verdächtig sind Männer, die sich stundenlang in der Gartenabteilung aufhalten, während diejenigen, die einen Einmal-Grill in ihren Wagen schmeißen, Singlepotential haben. Letztendlich gibt es aber keine eindeutigen Erkennungsmale, wie immer spielt auch hier das Quentchen Glück eine Rolle.

## Was bringen spezielle Single-Events?

Ist man eine ganze Weile Single, ohne dass man beim Weggehen in der Bar, bei seinem liebsten Hobby oder in seinem Freundeskreis jemanden kennenlernt, dann ist man meist bereit, die Suche ein wenig zu intensivieren. Zumindest ist das bei mir so. Das Gute: Für Singles mit Tatendrang gibt es einige Möglichkeiten, gezielt den Partner fürs Leben zu treffen. Dass es dafür natürlich keine Garantie gibt, muss ich nicht erwähnen, aber es besteht immerhin die Möglichkeit, dass es klappt. Und selbst, wenn nicht der Richtige dabei rausspringt, ist es eine gute Gelegenheit, neue Leute kennenzulernen.

Ich habe es beispielsweise mal mit dem sogenannten Face-to-Face-Dating probiert. Um es gleich vorneweg zu sagen: Bei mir war es in erster Linie Neugierde und nicht die Überzeugung, auf diese Art meinen Traummann kennenzulernen. Aber wie heißt es so schön? Die Hoffnung stirbt zuletzt – auch bei Single-Events. Beim Face-to-Face-Dating handelt es sich um organisierte Dates, die in regelmäßigen Abständen in mehreren deutschen Städten stattfinden. Das Ziel: Im Zeitalter des Online-Datings den ollen PC mal aus lassen und potentielle Partner in freier Wildbahn kennenlernen. Gemeinsam mit einem Teampartner geht man an einem Abend in drei verschiedene Bars, in jeder lernt man vier neue Leute kennen. Man sitzt an einem Sechsertisch und hat jeweils anderthalb Stunden Zeit, sich näher kennenzulernen und zu gucken, ob in dieser Runde zufällig der passende Deckel schon dabei ist. In den drei Barrunden lernt man also zwölf neue Leute kennen. Am Ende des Abends gibt es noch das große Gruppentreffen, bei dem man alle Teilnehmer trifft. Am nächsten Tag kann man auf der Face-to-Face-Dating-Website ankreuzen, welchen Teilnehmer man gerne wiedersehen möchte. Treffen sich zwei Kreuze, organisieren die Verantwortlichen ein kostenloses Folge-Date.

Generell muss ich sagen, dass ich diese Art, jemanden kennenzulernen, ganz witzig finde. Der Vorteil: Es ist ungezwungener als beispielsweise Speed-Dating, wo man immer nur einer Person gegenübersitzt. Hier ist man immer mit einer Gruppe unterwegs und hat nicht nur ein paar Minuten Zeit, die potentiellen Partner kennenzulernen, sondern jeweils anderthalb Stunden. Andererseits finde ich es auch irgendwie schwierig, mit Leuten, die ich nicht kenne, an einem Sechsertisch zu sitzen und dann munter vor den Augen aller draufloszuflirten (gesetzt den Fall natürlich, es ist ein Mann dabei, der mir gefällt). Ich befürchte, zumindest bei mir würde das Ganze schnell eher einen freundschaftlichen Touch kriegen, denn ich lerne gern neue Leute kennen, aber beim Kennenlernen eines potentiellen Traummanns bin ich lieber unbeobachtet. Das gilt für mich, aber ich habe mit einigen Teilnehmern des Face-to-Face-Datings gesprochen, für die dieses Single-Event mit Herzklopfen und einem neuen Partner geendet hat.

Neben dem mittlerweile schon angestaubten Speed-Dating gibt es heute noch andere Single-Events, die es sich zum Ziel gemacht haben, endlich diese ganzen einsamen Herzen glücklich zu machen (außerdem lässt sich natürlich mit dem Geschäft mit der Liebe jede Menge Geld verdienen).

Blind-Date-Dinner verbinden die Partnersuche beispielsweise mit einem der angesagtesten Dinge der letzten Jahre: dem Kochen. Bewusste Ernährung, selbstgekochtes Essen und Genuss gehören zum heutigen Lifestyle und lassen sich wunderbar in die Partnersuche integrieren. So gibt es in jeder größeren Stadt Events wie zum Beispiel das »jumpingdinner«, bei dem man sich entweder mit einem Kochpartner oder alleine anmeldet. Sollte Letzteres der Fall sein, wird einem ein Kochpartner von den Veranstaltern zugeteilt, denn gekocht wird immer in Zweierteams. Bei einem dreigängigen Menü ist man gemeinsam mit dem Partner einmal Gastgeber und zweimal Gast. So lernt man insgesamt fünf neue Leute kennen, unter denen sich mit etwas Glück der Traumpartner befindet. Mir gefällt diese Art von Single-Event gut, denn Kochen und Essen sind etwas Sinnliches, es macht Spaß, und dadurch, dass jeder Gang bei einem der beiden Kochpartner zu Hause stattfindet, kriegt man auch einen privaten Einblick. Allerdings ist es auch hier so, dass man natürlich viel Glück haben muss, dass unter der begrenzten Teilnehmerzahl ausgerechnet der potentielle Traumprinz den Kochlöffel schwingt. Falls nicht, dann ist das immerhin eine wunderbare Gelegenheit, Leute kennenzulernen und sich kulinarisch neue Inspirationen zu holen.

Für alle, die besonders risikofreudig sind und bei der Partnersuche noch einen Schritt weitergehen wollen, gibt es Singlereisen. Zahlreiche Reiseveranstalter organisieren Trips mit dem Ziel, dass man alleine anreist und gemeinsam auscheckt. Das Reiseziel erkunden, neue Kulturen kennenlernen, am Strand relaxen und abends die eine oder andere Party feiern, und das Ganze gemeinsam mit weiteren bindungswilligen und liebeshungrigen Singles – das klingt definitiv nach einer ausgefallenen Art, den Partner fürs Leben kennenzulernen. Außerdem kristallisieren sich ja allein durch die Wahl des

Urlaubsortes und die Art, Ferien zu machen, mögliche Gemeinsamkeiten heraus. Ob man nun die Sangria-Partywoche am Ballermann bucht, die Mountainbike-Tour in der Schweiz oder den Kultur-Trip in Florenz, zeigt eindeutig, auf welche Dinge man besonders steht. Unter den mitreisenden Singles dürfte es somit einige Übereinstimmungen geben.

Für mich wäre so eine Singlereise allerdings nichts, obwohl ich keineswegs ein Problem damit habe, alleine in den Urlaub zu fahren. Aber unter der Prämisse, auf der Reise unbedingt, und – zumindest in meinen Augen – somit etwas gezwungen, den ganzen Urlaub das Flirten und das »Unter die Haube Kommen« in den Vordergrund zu stellen, wäre mir das zu anstrengend. Als ich mit einer Singlefreundin darüber gesprochen habe, kam von ihr: »Krass, dass du das auch so siehst! Ich unterstelle diesen Singlereisen auch, dass es da nur darum geht, möglichst schnell mit irgendjemandem was zu haben, damit der Sinn und Zweck erfüllt ist. Und das wäre mir ja viel zu anstrengend!«

## Kleiner Flirt-Crashkurs

Unabhängig davon, bei welcher Gelegenheit oder an welchem Ort man jemanden kennenlernt – vor dem ersten Kuss oder gar der Beziehung steht der Flirt. Flirten kann doch jeder? Mitnichten. Ich finde zwar nicht, dass man an seinen Flirtkünsten verbissen feilen sollte wie an einer wichtigen Abschlussarbeit, dennoch gibt es ein paar kleine Hilfestellungen, die die Kontaktaufnahme zum anderen Geschlecht deutlich erleichtern können. So ist es eine ziemlich veraltete Strategie, sich als Frau wie die Prinzessin auf der Erbse auf einen symbolischen Matratzenberg zu betten und darauf zu warten, vom Objekt der Begierde angesprochen zu werden. Das funktionierte hervorragend zu Zeiten, in denen sich Frauen wie Audrey Hepburn oder Grace Kelly nur lasziv mit einer Zigarette in der Hand zurücklehnen mussten und in Sekundenschnelle ein Kavalier mit einem Feuerzeug angesprungen kam. Die Zeiten ändern sich. Heute ist frau durchaus in der Lage, sich ihre Kippe selbst anzuzünden. Ja, mehr noch, es ist ebenso normal, dem süßen Kerl in der Bar Feuer zu geben.

Was ich damit sagen will: Mann MUSS Frau ansprechen, das gilt längst nicht mehr. Frauen wollen nicht mehr ausschließlich erobert werden, sondern haben ebenso Spaß am Erobern. Gleiches Recht für alle. Was im Umkehrschluss aber bedeutet, dass sich der Mann von heute daran gewöhnt hat, von Frauen angesprochen zu werden, und daher nicht mehr die Notwendigkeit sieht, den großen Kavalier markieren zu müssen. Im Gegenteil, diverse Umfragen der letzten Jahre haben ergeben, dass der Großteil der paarungswilligen Männer darauf steht, wenn die Frau die Initiative ergreift. Ob sie so viel Engagement nun sexy finden oder einfach zu bequem oder schüchtern sind, sei mal dahingestellt. Fakt ist: Die meisten Herren stehen auf Damenwahl. Dummerweise finden das – ebenfalls laut einiger Studien – viele Frauen gar nicht gut.

Mir geht an dieser Stelle der 90er-Jahre-Ohrwurm »Mädchen« von Lucilectric durch den Kopf. Da heißt es: »Was'n das für'n wundervoller Hintern, der da neben mir am Tresen steht? Und der Typ, der da am Hintern noch mit dran ist, hat sich gerade zu mir umgedreht. Und ich lach ihm zu, oh prima, den nehm ich nach Hause mit. Und dann lehn ich mich zurück und lass dem Mann den ersten Schritt. Mir geht's so gut, weil ich ein Mädchen bin …« Das war 1994 – sprich, mit dieser Flirt-Einstellung bin ich aufgewachsen. Da wurde noch besungen, dass sich eine Frau einen Kerl zwar aussucht, sie anzusprechen hat aber gefälligst der Mann. Heute, über 20 Jahre später, sieht das naturgemäß etwas anders aus.

Ich kenne in meinem Umfeld jedenfalls viele Ladys, die entweder die alte Variante mit dem erobernden Prinzen bevorzugen und sich gerne in die gute alte Zeit zurückbeamen würden oder schlichtweg zu schüchtern sind, den ersten Schritt zu machen. Das ging mir auch lange Zeit so. Bis ich begriff, dass es ganz schön bescheuert ist, sich vielleicht den tollsten Mann des Lebens durch die Lappen gehen zu lassen, nur weil man selbst zu sehr Prinzessin ist, um ihn anzusprechen. Und eines ist sicher: Die Konkurrenz in Form von selbstbewussten Singlefrauen, die nicht auf den Mund gefallen sind und kein Problem damit haben, selbst auf Eroberungszug zu gehen, schläft nicht. Ich bin fest davon überzeugt, würde Luci van Org von Lucilectric heute einen neuen Song herausbringen, wäre es im Text auch die Frau, die den Kerl klarmacht. Also, nur Mut und ran an den Mann! Mit ein paar simplen Flirttricks kann eigentlich kaum noch etwas schiefgehen. Und selbst wenn, nach dem Flirt ist vor dem Flirt …

*Mut wird belohnt!* Klar, die meisten flirthungrigen Singles machen sich im Vorfeld wohl Gedanken darüber, was das Objekt der Begierde von einem hält – oder wie es ankommt, dass man die Initiative ergreift. Aber eines sollte immer klar sein: Egal, wie der Flirtversuch endet, allein, dass man sich getraut hat, über seinen Schatten zu springen, ist viel wert. Aus eigener Erfahrung weiß ich: Dieser Mut kommt bei den meisten Männern gut an. Und wer es nie probiert, wird logischerweise niemals Erfolg haben.

*Step by Step:* Es ist keine gute Idee, sich auf den Mann zu stürzen und ihn komplett zu überfallen. Vor dem eigentlichen Flirt steht erst einmal der Blickkontakt, durch den ausgelotet wird, ob der Gute überhaupt Interesse hat. Es gibt natürlich kein festgelegtes Standardverhalten, aber seine Reaktion auf den intensiven Blick dürfte einiges über den Ausgang der Aktion verraten. Erwidert er den Blick – am besten mit einem Lächeln –, ist die Chance groß, dass er ebenfalls Interesse hat. Zeigt er hingegen keine Reaktion oder sieht sogar demonstrativ weg, ist die Chance auf eine Abfuhr groß. Blickt er verlegen zu Boden, ist er wahrscheinlich schüchtern und freut sich umso mehr über die Initiative der Frau.

Ich habe eine Freundin, die ist wirklich knallhart, wenn es ums Kerle-Anflirten geht. Sie pfeift auf sämtliche Regeln und stürzt sich getreu ihrem Wesen (sie ist so etwas wie ein Wirbelwind auf zwei Beinen) auf jeden Mann, der nicht rechtzeitig in Deckung gehen kann. Vorsichtiger Blickkontakt, langsames Herantasten? Von wegen, für diese Freundin gibt es nur ganz oder gar nicht. Und was soll ich sagen, alles in allem hat sie keine schlechte Trefferquote. Ich denke, das liegt daran, dass sie einfach so ist, wie sie ist, und dieses Temperamentvolle einfach zu ihr passt. Bei mir würde das nur superpeinlich rüberkommen, deswegen halte ich mich an die Sache mit dem Blickkontakt-Aufbauen usw. Ganz einfach, weil es ihr wirklich auch völlig egal ist, wenn sie einen Korb kriegt und das halbe Umfeld es mitbekommt. Ich bewundere sie für ihr unerschütterliches Selbstvertrauen und ihr dickes Fell.

*Los geht's!* Wer zu lange zögert, den potentiellen Traummann anzusprechen, der baut immer mehr Nervosität und Angst vor einer möglichen Abfuhr auf. Zudem hat man in vielen Situationen nicht ewig Zeit, den ersten Schritt zu machen, weil der andere vielleicht nach wenigen Momenten wieder verschwunden ist. Sieht man ihn dann nie wieder, wird man sich ewig darüber ärgern. Daher: Ran an den Mann, bevor er die Bar verlässt oder in den nächsten Bus steigt. Auch, wenn ich nicht so mutig bin wie besagte Freundin, die sich wirklich auf jeden Mann stürzt, der ihr gefällt, und ich auch nicht finde, dass jeder so überschwenglich sein muss, ist es dennoch echt schade, sich einen tollen Kerl durch die Lappen gehen zu lassen, nur weil man sich nicht traut, die Initiative zu ergreifen. Da muss ich meiner männermordenen Freundin doch recht geben, die immer fragt: »Was hast du denn zu verlieren?!«

*Flirten als Solo-Projekt:* Auch, wenn man sich in Begleitung von Freunden oft sicherer fühlt, ist es keine gute Idee, mit der ganzen Mädelsrunde im Schlepptau auf den armen Kerl zuzusteuern. Erstens dürfte so viel geballte Weiblichkeit wahrscheinlich jeden Mann überfordern, zweitens ist es peinlich, wenn man älter ist als zehn und noch eine riesige Entourage braucht, und drittens weiß der Mann somit gar nicht, welche der Ladys an ihm interessiert ist. Sich mit Freunden abzusprechen ist okay, aber geht es um die erste Kontaktaufnahme, sollte man das schön alleine machen. Ich würde auch jeden noch so heißen Kerl abblitzen lassen, wenn er es nötig hat, mich in Begleitung seiner Jungs anzuquatschen. Vor allem, weil gerade Männer dazu neigen, besonders einen auf cool zu machen, wenn ihre Buddys um sie herumstehen. Mit 15 okay, mit Mitte 30 ein No-Go.

*Bitte keine Inszenierung:* Ich persönlich finde wenige Dinge schlimmer als auswendig gelernte Anmachsprüche. Um einen potentiellen Flirtpartner anzusprechen, reichen simple Sätze wie: »Du bist mir aufgefallen. Ich heiße XY, und du?« Das wirkt authentisch und nicht aufgesetzt. Es bietet sich an, die Situation, in der man sich gerade befindet, aufzugreifen, zum Beispiel etwas über die guten Cocktails oder die schlechte Musik in der Bar zu sagen. Ebenfalls eine gute Strategie ist es, mit einem Kompliment, beispielsweise über seine tolle Lederjacke, zu starten, denn die Umfrage eines Singleportals fand heraus, dass knapp die Hälfte aller Männer am liebsten ein Kompliment hören würden, wenn sie angesprochen werden. Aber auch hier bitte alles in Maßen, zwischen einem netten, ehrlich gemeinten Kompliment und einer peinlichen Übertreibung liegt ein großer Unterschied. Und ganz ehrlich, lerne ich einen Mann kennen, der ohne Punkt und Komma Süßholz raspelt, verliert er für mich auch jeden Reiz.

*Flirttabus:* Es gibt ein paar Dinge, die schlagen so gut wie jeden Mann in die Flucht – und das zu Recht. So haben sexuelle Anspielungen nichts bei der ersten Kontaktaufnahme verloren, zumindest wenn Interesse an einem ernsthaften Date besteht. Ebenfalls zu unterlassen sind bescheuerte, pseudolustige Flirtsprüche (»Du könntest glatt George Clooney in der Nespresso-Werbung ersetzen«), Gespräche über Krankheiten, den dringenden Kinderwunsch, den Ex-Freund oder die Weltpolitik. Beim ersten Flirt geht es lediglich darum, das Interesse am Gegenüber zu bekunden und den Weg zu einem ersten Date zu ebnen. Generell gilt: Selbstbewusst, aber nicht arrogant, humorvoll, aber nicht peinlich – und vor allem: immer schön authentisch bleiben. Wer in eine Rolle schlüpft, nur um ein Date klarzumachen, muss diese dann entweder ewig weiterspielen oder früher oder später die Maske fallenlassen.

Mein schönster Flirtmoment ist schon einige Jahre her. Es war Oktoberfest in München – aber jeder, der dort schon mal war, versteht, dass das nicht der Ort meines gelungenen Flirts war. Auf der Münchner Wiesn wird zwar gebaggert, geknutscht und gefummelt, was das Zeug hält, aber prickelnd ist das eher selten. Dafür ist meist zu viel Alkohol im Spiel. Aber das nur nebenbei. Auf jeden Fall landete ich nach dem Oktoberfest mit einer Freundin noch im Münchner Club P1, auf einer After-Wiesn-Party. Ich kann mich noch gut erinnern, dass ich nicht gut drauf war, weil ich eigentlich gar keine Lust mehr hatte, in den Club zu gehen, es aber meiner Begleitung zuliebe getan habe. Jedenfalls stand ich mit einer Cola in der Hand ziemlich genervt an der Bar herum, während meine Freundin schon längst die Tanzfläche gestürmt hatte. Was dann passiert ist, kann ich bis heute nicht genau erklären, und ich habe es seitdem so auch nie wieder erlebt. Ich blickte auf die Tanzfläche, und dort stand ein Mann. Unsere Blicke trafen sich, und – auch wenn es wirklich kitschig klingt – es war irgendwie magisch. Der Blickkontakt war so intensiv, es kribbelte am ganzen Körper. Ohne die Augen voneinander abzuwenden, gingen wir langsam aufeinander zu. Es war wie in einer Filmszene. Als wir uns gegenüberstanden, war da ein derart großes Einverständnis, wir brauchten nicht viele Worte, und wir küssten uns. Jetzt kann man das natürlich auf den Partyabend in dem Club schieben, aber bei Sebastian und mir war es wirklich der Anfang einer längeren Beziehung.

An diesem Abend ließ ich meine Freundin im P1 stehen, und wir fuhren zu ihm nach Hause. Dort verbrachten wir eine wahnsinnig innige Nacht miteinander, ohne dass es zum Äußersten gekommen wäre. Aber es fühlte sich so richtig und so vertraut an, dass wir alles andere um uns herum vergessen haben. Leider auch seinen Freund, der zu Besuch in München war und eigentlich bei Sebastian schlafen sollte. Das Ende vom Lied: Während wir uns in der Wohnung durch die Nacht knutschten, verbrachte der arme Freund eine unbequeme Nacht auf der Fußmatte vor der Wohnungstür. So schön die

Kennenlerngeschichte von Sebastian und mir auch war, leider bemerkten wir mit der Zeit, dass wir beide sehr unterschiedliche Vorstellungen von einer Beziehung hatten. Aber auch wenn wir uns nach einem Jahr trennten und das Ganze schon eine Weile her ist, werde ich diesen magischen Flirt nie vergessen.

Generell finde ich es nach wie vor schön, mein künftiges Herzblatt im »wahren Leben« kennenzulernen, denn diese Geschichte zeigt, der Blitz kann wirklich jederzeit und überall einschlagen. Auch, wenn man absolut nicht damit rechnet. Man ist irgendwo unterwegs, hat Spaß und denkt gerade gar nicht an Liebe, Beziehungen usw. Plötzlich steht Mr. Right vor einem. Das kann passieren, aber es gibt natürlich keine Garantie. Manchmal frage ich mich, ob es daran liegt, dass wir im Alltag – oder teilweise sogar bei Freizeitaktivitäten – derart mit anderen Dingen beschäftigt sind, dass wir schlichtweg verlernt haben, die Flirtantennen auszufahren. Aber es gibt sie definitiv, diese prickelnden Flirtsituationen im echten Leben, und welche Rolle dabei die eigene Körpersprache spielt, ist wirklich enorm.

## Die Macht der Körpersprache

Bei einem Flirt spielt die Körpersprache ebenso eine wichtige Rolle wie das gesprochene Wort. Das musste ich erst schmerzlich lernen, denn ich bin manchmal echt das, was man getrost als »Körper-Klaus« bezeichnen kann. Sprich, ich achte häufig nicht wirklich darauf, was mein Körper so macht (jeder, der mich schon mal auf meinem Bürostuhl beobachtet hat, kann das bezeugen, denn in der Regel hänge ich darauf wie ein betrunkener Matrose bei starkem Seegang). Erst, als mir klarwurde, welch große Rolle die subtilen Körpersignale beim Anbandeln mit dem anderen Geschlecht spielen, fing ich an, mich zusammenzureißen und mehr darauf zu achten. Und was soll ich sagen? Es wirkt! Wer als Frau die richtigen nonverbalen Signale aussendet, wird deutlich öfter angesprochen.

*Offener Blick:* Klar, der Blickkontakt ist der Beginn eines jeden Flirts, denn er signalisiert, dass überhaupt Interesse besteht. Nun hilft es aber leider nicht viel, den Mann begeistert anzustarren und dabei auszusehen wie eine Kuh, wenn's donnert. Im Gegenzug wirkt es allerdings auch ziemlich peinlich, wenn frau versucht, übertrieben lasziv zu gucken. Im Grunde ist es ganz einfach: Den Typen anschauen, den Blickkontakt zwei, drei, Sekunden halten und wieder wegsehen. Das Ganze wiederholt man und intensiviert den Blickkontakt. Wer dann nicht merkt, dass Interesse besteht, steht wirklich auf dem Schlauch!

*Lächeln:* Die Blicke können noch so intensiv sein, wer bei einem Flirtversuch guckt, als hätte er in eine Zitrone gebissen oder Angst vor der nächsten Steuerprüfung, wird dem anderen wohl kaum signalisieren, dass es hier um etwas Schönes geht. Ein guter Flirt macht Spaß und ist leicht und unbeschwert. Ohne ein offenes und sympathisches Lächeln geht also gar nichts.

*Sich dem anderen öffnen:* Wer Interesse an einer anderen Person hat, der wendet sich dieser zu. Sitzt die Frau beispielsweise an der Bar und der Mann, der ihr gefällt, steht mit Freunden in einer Ecke, dann zeigen übereinandergeschlagene Beine, die in seine Richtung zeigen, Interesse. Das passiert meist unbewusst, ebenso, wie man automatisch den Oberkörper der Person zuwendet, die man gerne erobern würde.

*Mit den Haaren spielen:* Zugegeben, es klingt etwas doof, aber zahlreiche Umfragen haben bewiesen, dass Männer sich wirklich leichter um den Finger wickeln lassen, wenn die Frau ihre Haare um den Finger wickelt. Ob das daran liegt, dass das besonders süß oder besonders sexy wirkt, sei mal dahingestellt, aber es ist ein eindeutiges Flirtsignal, das häufig zum Erfolg führt. Ich habe das nie geglaubt und auch nie gemacht, weil ich meistens die Haare eh zusammengebunden trage, aber irgendwann habe ich es rein aus Neugierde mal getestet. Und war wirklich sehr erstaunt, wie gut so ein simpler Trick funktionieren kann. Kein Wunder, dass ich beim Ausgehen meine Haare seitdem wesentlich öfter offen trage …

## Gute Gründe, selbst einen Kerl anzusprechen

Für alle Single-Ladys, die jetzt trotz meiner aufmunternden Worte immer noch daran zweifeln, dass es eine gute Idee ist, mal dieses doofe, verstaubte Prinzessinnengehabe abzulegen und selbst aktiv das Objekt der Begierde anzusprechen, habe ich hier noch einmal ein paar Argumente gesammelt. Ran an den Mann!

*Übernimmt man selbst die Initiative, kann man sich sicher sein, dass einem der Typ auch gefällt:* Angesprochen wird man als Frau nämlich oft genug von Männern, die dem Beuteschema nicht ansatzweise entsprechen. Meine Freundin Tanja kann davon ein Lied singen. Ich weiß nicht, woran es liegt, aber sie wurde schon immer von Männern angeflirtet, die ein ganzes Stück älter waren als sie. Zu alt für ihren Geschmack.

Kein Wunder, dass sie bei ihrem heutigen Ehemann selbst die Initiative ergriffen hat. Sonst würde sie wahrscheinlich immer noch jammern, dass sie nur von Opis angebaggert werde.

*Männer sind häufig bequem:* Bis sie in die Puschen kommen, ist uns die Lust oft schon vergangen. Dann doch lieber gleich selbst loslegen!

*Vielleicht ist* ER *zu schüchtern:* Nicht jeder Kerl ist automatisch der selbstbewusste Womanizer. Gott sei Dank, denn oft ist es doch viel sympathischer, wenn der betreffende Mann gar nicht weiß, welch tolle Wirkung er auf Frauen hat, und wenn er nicht einen auf Supermacho macht. Wirft er ständig interessierte Blicke rüber, traut sich aber nicht, den ersten Schritt zu machen, dann kann man sich doch auch selbst mal überwinden. Eben wie es besagte Freundin Tanja gemacht hat. Auch wenn es sie ein paar Ramazzotti gekostet hat, um ihren Traummann auf der Party in unserer Kleinstadt in der Nähe von München, in der ich aufgewachsen bin, anzusprechen – heute sind sie verheiratet und haben zwei Kinder.

*No Regrets:* Hat man als Frau allen Mut zusammengenommen, den Traumtypen angesprochen und trotzdem einen Korb kassiert, kann man sich zumindest keine Vorwürfe machen, feige gewesen zu sein und es nicht probiert zu haben. Ich finde, sich im Nachhinein wegen einer verpassten Gelegenheit in den Allerwertesten zu beißen ist viel schlimmer, als mal eins auf die Nase zu bekommen. Klar ist das nicht unbedingt ein schönes Gefühl, aber so ist es nun mal im Leben. Nur, wer auch mal scheitert, kann Erfolge so richtig genießen.

*Übung macht die Flirt-Meisterin:* So doof es klingt, aber Flirten ist wie Radfahren: Hat man es einmal drauf, verlernt man es nicht mehr. Und wer fleißig übt, hat alle Tricks bald in petto.

## Warum es aber auch ganz schön ist, wenn der Mann den ersten Schritt macht

Nur, weil ich es gut und richtig finde, wenn Frauen ebenso wie Männer den ersten Schritt zum Flirt wagen, bedeutet das nicht, dass es nicht schön ist, als Frau angesprochen zu werden. Ich bin mir sicher, meine Geschlechtsgenossinnen werden mir zustimmen, wenn ich sage, dass es verdammt prickelnd ist, wenn der Typ, den man schon den ganzen Abend aus der Ferne anschmachtet, wirklich seinen Knackpo hochkriegt und mit einem souverän-witzigen Spruch um die Ecke kommt. Selbst, wenn man sich zuvor vielleicht noch ein bisschen unsicher fühlte, dank dieser Situation ist das Cinderella-Feeling erwacht. Egal, was aus dem Flirt letztendlich wird, für das Selbstwertgefühl und die Seele ist es Balsam, wenn ein toller Kerl seinen Eroberungsversuch startet. Frau fühlt sich dadurch automatisch schöner und begehrenswerter. Diese männliche Initiative zeigt uns Frauen, dass wir uns von dem Prinzessinnengefühl noch nicht hundertprozentig verabschieden müssen. Zwischen all diesen Fröschen und den schüchternen/bequemen Prinzen da draußen, die von uns erobert werden wollen, gibt es durchaus noch Exemplare, die nicht auf den Mund gefallen sind und für ihre Herzensdame einiges riskieren.

Doch was hält heute so viele gestandene Kerle davon ab, eine Frau anzusprechen, die ihnen gefällt? Klar, an vorderster Stelle steht die Angst, einen Korb zu kassieren. Ein Korb ist der Tod für das männliche Ego – vor allem, wenn es die Kumpels mitkriegen. Das ist dann sozusagen der amouröse Super-GAU. Da ist es doch viel einfacher, mit einem Bier in der Hand lässig an der Bar zu stehen und darauf zu warten, dass die Frau den ersten Schritt macht. Tut sie es nicht, kann das vor den Freunden ja immer noch mit einem coolen »Selbst schuld, die weiß eben nicht, was gut ist!« abgetan werden.

Es gibt natürlich auch zahlreiche Männer, die würden wahnsinnig gerne eine Frau ansprechen, trauen sich aber schlicht und einfach nicht. Weil sie zu schüchtern sind. Und weil ihnen die Übung fehlt. Ich kann das absolut verstehen. Dass es schwierig ist, den ersten Schritt auf jemanden zuzugehen, den man wirklich gut findet, ist keine Frage des Geschlechts. Bin ich in der Situation, habe ich auch ganz schön Muffensausen. Dafür ist es aber umso befreiender, wenn man sich getraut hat – egal, ob es letztlich klappt oder nicht.

Worüber sich ein Mann auf jeden Fall schon mal im Klaren sein sollte, ist, dass Äußerlichkeiten für die meisten Frauen nicht das A und O sind, wenn es darum geht, sie anzuflirten. Der Typ kann nämlich noch so hot sein, wenn er humorlos oder arrogant rüberkommt, dann hilft ihm seine Sahneschnittenoptik auch nicht viel. Ich denke, Männer haben gute Chancen, ihr Herz oder zumindest erst einmal ihre Aufmerksamkeit zu gewinnen, wenn sie die Auserwählte zum Lachen bringen. Klingt easy, ist aber gar nicht so ohne. Einen platten Witz zu erzählen oder ein Zitat aus »Dumm und Dümmer« würde ich nicht zwingend empfehlen. Besser ist es, einen witzigen Kommentar zur aktuellen Situation zu machen.

Ich war mal auf einer Club-Eröffnung, bei der ein total gehypter DJ auflegen sollte. Die Musik war aber eine einzige Katastrophe, von Stimmung keine Spur, und die meisten Besucher waren eher peinlich berührt. Auf einmal stand ein Typ neben mir und meinte, ich hätte jetzt zwei Möglichkeiten: Entweder wir müssten uns mit Kurzen die Musik »guttrinken« oder einen Location-Wechsel in Betracht ziehen. Das kam witzig und angenehm selbstsicher rüber, und wir hatten einen sehr netten Abend (ich habe mich übrigens für Variante zwei entschieden). Anschließend haben wir uns noch eine Weile getroffen, haben aber leider nicht wirklich zusammengepasst. Dennoch finde ich die Art und Weise, wie er an diesem Abend die Initiative ergriffen hat, mehr als sexy.

Auch, wenn jede Frau anders tickt und daher wahrscheinlich auch individuell verschieden erobert werden möchte, gibt es ein paar Hilfestellungen, was ein Mann beachten sollte, wenn er seine Auserkorene anspricht:

*Ordentliches Erscheinungsbild:* Auch, wenn die meisten Frauen wie gesagt nicht unbedingt auf das Äußerliche, sondern eher auf Eloquenz und Humor achten, ist es trotzdem keine gute Idee, im ungepflegten Schluffi-Look auf Flirt-Tour zu gehen. Warum sollte sich frau auf einen Kerl einlassen, der sich nicht mal die Mühe gemacht hat, sich ihr von seiner besten Seite zu präsentieren? Saubere Klamotten und angenehmer Geruch sind das Allermindeste!

*Die Grundstimmung muss passen:* Wer gerade gestresst vom Job und genervt vom Leben ist, sollte in diesem Zustand nicht unbedingt eine Frau anquatschen. Dafür sollte die Laune gut und die Stimmung entspannt sein. Meine Freundin Sina wurde auf einer After-Work-Party mal von einem Typen angesprochen, der kurz vorher eine wichtige Präsentation in den Sand gesetzt hatte und aus diesem Grund latent aggressiv war. Als sie seine Avancen nicht sofort so aufnahm, wie er sich das vorgestellt hatte, flippte er total aus und beschimpfte sie. Dass aus dieser Sache nichts wurde, muss ich wohl nicht extra erwähnen – auch wenn er sich etwas später kleinlaut entschuldigte.

*Kein Hicks statt Hallo:* Klar, ein Bierchen vorher macht ein wenig lockerer und kann für das letzte bisschen Mut sorgen, dass ein Mann vielleicht braucht, um die Traumfrau anzusprechen. Ab drei oder vier Bierchen wird es aber peinlich. Keine Frau möchte als Erstes eine fiese Fahne ins Gesicht geatmet bekommen und vollgelallt werden.

*Keine Macho-Show:* Ich weiß nicht, woran es liegt, dass viele Männer denken, ihre Unsicherheit beim Baggern mit einer extragroßen Portion Angeberei kompensieren zu müssen. »Mein Haus, mein Auto, mein Pferd« – ich kenne ehrlich gesagt wenige Frauen, die sich durch prolliges Prahlen beeindrucken lassen. Weniger ist mehr, Frauen mögen Männer, die sich beim Flirten bodenständig und zurückhaltend präsentieren. Sollten sie Haus, Auto und Pferd haben, dann kann man das später auch noch ins Gespräch einfließen lassen. Aber erst einmal geht es darum, sich kennenzulernen – ohne viel Schall und Rauch.

*Kein Standardprogramm:* Ich kann es eigentlich gar nicht glauben, aber es gibt sie, die Männer, die bei JEDER Frau exakt dieselben – meist äußerst abgedroschenen – Anmachsprüche verwenden. Boh Jungs, das geht einfach gar nicht! Ich finde, jede Frau ist doch mindestens einen individuell auf sie zugeschnittenen Spruch wert.

*Aufrichtiges Interesse zeigen:* Egal, ob man der Frau letztlich gefällt oder der Flirt im Nichts endet, die Grundvoraussetzung ist ein ehrlich gemeintes Interesse. Wer der Frau das Gefühl vermittelt, nicht wirklich sie zu meinen, sondern einfach nur irgendeine Frau abschleppen zu wollen, der wird unter Garantie alleine nach Hause gehen. Um Interesse zu bekunden, ist es immer eine gute Idee, das Gespräch mit einem exakt auf die Frau zugeschnittenen, ehrlichen (!) Kompliment zu beginnen. Und auch hier ist die Devise: Weniger ist mehr! Ein Kompliment nach dem anderen rauszuhauen ist unglaubwürdig und wirkt mehr als schleimig.

# 4. So geht Flirten online

Keine Frage, wir leben im digitalen Zeitalter. Wir kaufen unsere Schuhe online, bestellen unsere Pizza online, wickeln online unsere Bankgeschäfte ab – und wir finden unseren Partner online. Um die neun Millionen Menschen in Deutschland betreiben Online-Dating, jede fünfte Beziehung startet mittlerweile im Netz. Das ergab eine Studie im Auftrag von Facebook. Kein Wunder, dass diese Zahlen früher oder später auch die Singles mürbe machen, die sich lange gegen die Partnersuche im World Wide Web gewehrt und sie für eine Maßnahme Verzweifelter gehalten haben.

So wie ich. Ich hatte absolut keine Lust, per Mausklick nach dem Mann fürs Leben zu suchen. Erstens war auch ich der Meinung, nur Loser hätten es nötig, im Netz nach einem Kerl zu fischen. Außerdem verbringe ich beruflich schon genügend Zeit am PC und fand es erst nicht so prickelnd, dies in meiner Freizeit aus amourösen Gründen zu tun.

Irgendwann ist dieser Widerstand gebröckelt, denn ich hatte gefühlte Ewigkeiten damit zugebracht, auf »normalem« Weg meinen passenden Deckel zu finden. Ob nun beim Ausgehen, bei der Arbeit, beim Einkaufen oder beim Sport, ich habe brav die Augen offen gehalten – und trotzdem nicht den Mann fürs Leben getroffen. Ich musste mir also eingestehen, dass ich in der realen Welt wirklich selten einen Mann kennenlerne, bei dem ich das Gefühl habe, da könnte sich etwas daraus entwickeln. Weil ich aber nie vorhatte, den Rest meines – hoffentlich noch langen – Lebens allein zu verbringen und schließlich als alte Jungfer zu enden, verabschiedete ich mich irgendwann von der Vorstellung, mein Romeo müsste mir zwangsweise auf offener Straße vor die Füße fallen.

Zudem hatte ich über Freunde und Bekannte schon einige Erfolgsgeschichten zum Thema Online-Dating gehört. Immer mehr Anekdoten beim Mädelsabend begannen mit »Ich habe XY ja online kennengelernt ...« – und das hat mich neugierig gemacht. Denn wie ich ja bereits schon mehrfach betont habe, bin ich der Ansicht, dass man für sein Liebesglück aktiv etwas tun muss, und das geht im Internet nun mal einfacher als im realen Leben. Wer hat schon Zeit, ständig in Bars zu rennen, in der Hoffnung, jemanden kennenzulernen, oder eine Singleparty nach der anderen zu besuchen? Zeit, regelmäßig im Internet zu surfen, hat man dagegen immer. Und so fing ich an, online ausnahmsweise nicht nach dem nächsten Paar Schuhe zu suchen, sondern es mit Online-Shopping in Sachen Liebe zu versuchen. Und was soll ich sagen, diese Art von Partnersuche hat zwar so ihre Tücken, ist aber letztlich gar nicht mal so übel ...

Die Möglichkeiten, sich den passenden Partner aus dem Netz zu angeln, sind äußerst vielseitig. Liebeswillige Singles erwartet eine regelrechte Flut an mehr oder weniger maßgeschneiderten Angeboten. Da wären beispielsweise die klassischen, seriösen Partnerportale wie FriendScout24, Parship, eDarling oder ElitePartner, die bindungswillige Solisten bei der Suche nach einem festen Partner unterstützen. Des Weiteren gibt es Suchseiten für das schnelle Abenteuer wie Secret, C-Date oder First Affair – dort gibt es statt großer Liebe unverbindlichen und vor allem diskreten Sex. Eine Art Mischform aus beiden sind Flirt-Apps wie Tinder, LOVOO oder happn – es gibt also zahlreiche Wege, jemanden fürs Herz oder auch nur für die Kiste zu finden.

Das Schöne ist: Die Zeiten, in denen es als verzweifelt galt, online nach dem passenden Partner zu suchen, sind längst vorbei, und man muss sich auch keine kitschig-romantische Kennenlerngeschichte aus den Fingern saugen, sondern kann freimütig zugeben, seinen Schatz bei Parship oder Friend-Scout24 gefunden zu haben. Ich bin der Ansicht, dass man diese Möglichkeit nutzen sollte – auch wenn einem eines klar sein muss: Für Online-Dating braucht man gute Nerven, eine große Portion Humor und jede Menge Geduld.

Ich denke, das ist der Grund, warum ich immer nur phasenweise das Netz nach der großen Liebe durchforstet und dann erst mal wieder ein paar Wochen Pause gebraucht habe. Denn so euphorisch ich mich die erste Zeit durch sämtliche Profile geklickt und auf Mails interessierter Männer geantwortet habe, irgendwann schlich sich eine gewisse Routine und somit auch Langeweile ein. An diesem Punkt beschloss ich jedes Mal, lieber wieder in freier Wildbahn nach dem Mann fürs Leben zu suchen – bis ich einige Zeit später wieder vor dem PC saß …

Und irgendwann wurden meine Ausdauer und vor allem mein Glaube an den Erfolg von Online-Dating mit einem tollen Mann belohnt – dem allerdings noch einige weitere tolle Männer folgen sollten. Denn eines habe ich durch meine virtuelle Suche nach der Liebe gelernt: Auch, wenn nicht beim ersten oder zweiten Mausklick die große Liebe zustande kommt, man kann wunderbare Menschen über das Internet kennenlernen und sogar neue Freunde finden. Und das ist meiner Meinung nach auch nicht zu verachten.

## Allgemeine Tipps

Online-Dating ist keine Wissenschaft und auch keine olympische Disziplin. Dennoch gibt es ein paar Regeln, die einem die virtuelle Partnersuche erleichtern können. Ich habe nämlich anfangs den Fehler gemacht, einfach draufloszuflirten. Ich habe wie eine Wilde in die Tasten gehackt – und schnell bemerkt, dass das nach hinten losgehen kann. Man investiert sehr viel Zeit, um fast ausschließlich obskure E-Mails von Männern zu bekommen, die absolut nicht zu einem passen und die man im wahren Leben überhaupt nicht treffen möchte. Es lag ganz einfach daran, dass ich mir weder große Gedanken über mein eigenes Profil gemacht noch meine Suchkriterien deutlich formuliert habe. Wer beispielsweise online nach einem Bett sucht, schreibt in der Suchanzeige ja auch nicht einfach »Ich suche ein Bett«, sondern gibt an, wie groß es sein soll, welche Matratze, welcher Lattenrost usw. Genauso – wenn nicht noch detaillierter – sollte die Suche nach einem potentiellen Partner aussehen. Nur wer klar und deutlich formuliert, was er sich wünscht, wird das auch bekommen. Sich Zeit zu nehmen, um sich ein bisschen in das Thema reinzufühlen, kann also keineswegs schaden, denn ein derart riesiges Angebot erfordert eine gute Übersicht.

## Die Wahl der perfekten Plattform

Für nahezu jedes Bedürfnis gibt es ein passendes Portal. Bin ich auf der Suche nach einer ernsthaften Beziehung, melde ich mich bei einer seriösen Online-Partnervermittlung wie Parship, ElitePartner, FriendScout24 oder eDarling an. In der

Regel schließe ich dort ein kostenpflichtiges Abo ab und bin dann dementsprechend lange freigeschaltet. Aus eigener Erfahrung kann ich nur empfehlen, das Abo rechtzeitig wieder zu kündigen, denn verpasst man die vorgeschriebene Kündigungsfrist, dann zahlt man weiter, obwohl man längst kein Interesse mehr an einer Mitgliedschaft hat. Tipp: Sich bereits vor einer Anmeldung über die Kündigungsmodalitäten informieren. Bei ernsthaften Online-Partnerbörsen gibt es meist die Möglichkeit einer Standard- oder Premiummitgliedschaft.

Ist man auf der Suche nach unverbindlichen Sexabenteuern – ob als Single oder auch nicht –, wird man ebenfalls auf speziell auf die Ansprüche zugeschnittenen Portalen fündig. Sogenannte Seitensprungportale wie Secret, C-Date oder First Affair bringen Menschen zusammen, die einfach Lust auf Sex haben – frei von Verbindlichkeiten oder großen Gefühlen. Diese Portale garantieren Diskretion und ersetzen das nächtliche Auf-die-Pirsch-Gehen, wenn man spontan die Libido befriedigen möchte.

Eine nicht einwandfrei definierbare Mischform sind Flirt-Apps wie Tinder, LOVOO oder Badoo. Sie suggerieren die Möglichkeit, sich ernsthaft zu verlieben, in der Realität sind dort aber eher Menschen unterwegs, die auf unverbindlichen Spaß und Sexabenteuer aus sind. Das lässt sich jedoch nicht verallgemeinern, mit ein bisschen Glück findet man seinen passenden Deckel auch über eine App.

### Klassische Online-Partnerbörsen

Wer sich auf einer der gängigen Online-Partnervermittlungen anmeldet, tut das in der Regel in der Absicht, sich zu verlieben und eine feste Beziehung einzugehen. Die Vorteile der Partnersuche im Netz liegen auf der Hand. Der wohl größte

Pluspunkt ist die Anonymität, mit der ich mich virtuell nach dem Mann fürs Leben umschauen kann. Ich selbst entscheide, wann ich wie viel von mir preisgebe, Anschrift und Telefonnummer bleiben so lange geheim, bis ich sie jemandem mitteilen möchte. Gerade für Menschen, die im alltäglichen Leben eher schüchtern sind und nicht sofort ihr Innerstes nach außen kehren wollen, ist das die perfekte Flirtmöglichkeit.

Ebenfalls praktisch ist die Tatsache, dass ich jederzeit den Kontakt abbrechen kann, wenn das Ganze kein Potential hat oder ich mich einfach nicht mehr wohlfühle. Zeitlich bin ich bei dieser Art von Partnersuche ungebunden und flexibel, da ich selbst entscheiden kann, wann ich mich vor den PC setze und in dem Portal einlogge. Ein weiterer Vorteil von Online-Dating ist die große Reichweite. Während ich abends im Club mit Glück eine Handvoll potentieller Singlemänner sehe, die mir gefallen könnten, erreiche ich beim Online-Dating Millionen einsamer Herzen. Natürlich geht es auch hier um Qualität, nicht um Quantität, dennoch ist die Chance, dass unter den vielen eingeloggten Männern der passende dabei ist, um einiges höher als im echten Leben.

Wer sich für eines der klassischen Online-Portale entschieden hat, schließt meist ein kostenpflichtiges Abonnement ab. Die Kosten liegen monatlich ungefähr zwischen 10 und 80 Euro – je nach Laufzeit und Anbieter. Die Zahlung ist in der Regel per Lastschrift oder Kreditkarte möglich. Vorsicht: Bei manchen Premiumangeboten verlängert sich die Mitgliedschaft automatisch, sollte man nicht rechtzeitig kündigen! Kostenlos ist meist nur das Basisangebot, das darauf beschränkt ist, ein eigenes Profil anzulegen und in den Profilen der anderen zu stöbern. Sobald man Bilder hochladen, die Bilder der potentiellen Flirtpartner sehen oder miteinander kommunizieren will, muss man zahlen.

Die Vertragsbedingungen der verschiedenen Singlebörsen sind äußerst vielseitig, daher sollte man sich schon etwas Zeit nehmen, diese zu vergleichen. Zudem gibt es Portale, die die einzelnen Anbieter bewerten. Da der Wettbewerb zwischen den Dating-Portalen immer größer wird, versuchen diese sich mit diversen Angeboten zu überbieten. So gehören ausgeklügelte Persönlichkeitstests und die Beratung durch Experten bei den meisten Portalen mittlerweile zum Standard.

Zudem haben sich einige Dating-Plattformen auf spezielle Zielgruppen spezialisiert. Es gibt welche, die auf bestimmte Städte beschränkt sind. So gibt es nicht nur in Großstädten wie München, Berlin oder Hamburg stadtinterne Singlebörsen, auch die meisten Kleinstädte haben mittlerweile eigene Singleseiten. Als ich noch in München gewohnt habe, war ich häufig bei muenchnersingles.de unterwegs, und ich fand es durchaus gut, zu wissen, dass die Männer, die mir auf der Website vorgestellt werden, auch wirklich in der bayerischen Metropole wohnen. Das Gleiche gilt für berlinersingles.de, hamburgersingles.de usw. Diese Seiten sind perfekt für die Singles, die sich mit Händen und Füßen gegen eine Fernbeziehung wehren und mit ihrer neuen Eroberung am liebsten jeden Tag am Frühstückstisch sitzen wollen. Es gibt Online-Partnerbörsen, die damit werben, »für Akademiker und Singles mit Niveau« zu sein, und natürlich welche für jede sexuelle Ausrichtung.

### Flirt-Apps: Tinder & Co.

Seit einiger Zeit sind unzählige Singles einer ganz besonderen Sucht verfallen, der Tinder-Sucht. Diese Flirt-App hat weltweit einen riesigen Hype ausgelöst, obwohl das Procedere in etwa so romantisch ist wie eine Steuerprüfung. Dennoch nutzen rund 30 Millionen Menschen auf der Welt diese App, in Deutschland sind es mehr als zwei Millionen.

Für alle, die es tatsächlich geschafft haben, davon noch nichts zu hören, hier eine kurze Erklärung: Wer sich bei Tinder anmeldet, gibt automatisch die Informationen preis, die auf seiner Facebook-Seite stehen, inklusive Profilfotos. Nun werden einem die Profile potentieller Partner zugeschickt, die sich in einem bestimmten Radius befinden (die mögliche Entfernung kann man vorher festlegen). Mit einem Wisch nach rechts (»interessiert«) oder links (»nicht interessiert«) bzw. mit einem Herzchen oder einem Kreuz kann man nun entscheiden, ob man diese Person näher kennenlernen möchte oder nicht.

Ich gestehe, als ich mit dem Tindern begonnen habe, habe ich mich ein wenig gefühlt wie ein römischer Kaiser, der mit »Daumen hoch« oder »Daumen runter« über das Leben bedauernswerter Gladiatoren entscheidet. Das Hochgefühl endete allerdings in dem Moment abrupt, als mir einfiel, dass die Männer mit meinem Profil exakt genauso verfahren. Tritt der Fall ein, dass beide sich ein Herz gegeben bzw. in die richtige Richtung gewischt haben, hat man ein »Match« und darf miteinander kommunizieren. Klingt nach einem logischen Prinzip, aber dass dieses nicht immer so funktioniert, wie es sollte, erkannte ich daran, dass mir teilweise Männer geschrieben haben, die ich unter garantiert nicht mit einem Herz versehen hatte. Es sei denn, unter sehr hohem Promilleeinfluss …

Generell ist es äußerst witzig, verblüffend und teilweise auch verstörend, wenn man sieht, mit welchen Fotos sich die Berliner Männer anpreisen. Es gibt die »normalen« Kerle, die Bilder hochgeladen haben, auf denen sie einfach nett in die Kamera lächeln. Es gibt die Sportlichen, die diese Sportlichkeit durch die bildliche Darstellung von sich bei allen erdenklichen körperlichen Ertüchtigungen demonstrieren, und die Geheimnisvollen, die Bilder zeigen, auf denen sie entweder gar nicht zu sehen oder nur ansatzweise zu erahnen sind. Da es sich bei Tinder aber wie gesagt um eine eher oberflächliche Angelegenheit handelt, bei der es ja um den ersten äußerlichen Eindruck geht, gestehe ich, dass ich diese meist gleich wegwische. Besonders schlimm sind die, die viel nackte Haut (im besten Fall ihren Oberkörper inklusive Sixpack, im schlimmsten Fall ihr bestes Stück) zeigen, oder die, die eine Frau im Arm halten, die zumindest auf den ersten Blick nicht wie ihre Schwester/Cousine/beste Freundin wirkt. Ein weit verbreitetes Motiv sind übrigens Männer mit Hund, denn dass das bei vielen Frauen gut ankommt, hat sich wohl herumgesprochen. Und ich gebe zu, bei mir funktioniert das auch. Sieht der Typ sympathisch aus und hat einen knuffigen Vierbeiner im Arm, ist ihm mein Herzchen so gut wie sicher.

So oder so ist es – zumindest eine Weile – äußerst unterhaltsam, sich mit seinen »Matches« zu unterhalten, und das »It's a Match!« macht einen anfangs auch noch äußerst euphorisch. Als ich einige Zeit jede freie Minute mit dieser Art der Partnersuche verbracht hatte, fielen mir allerdings weitere Unzulänglichkeiten von Flirt-Apps auf. Jetzt wohne ich schon in einer Großstadt, und dennoch kam mir Berlin nach ein paar Tinder-Wochen vor wie ein Dorf. Der Grund: Die süßen Typen, mit denen ich ein »Match« hatte und fleißig kommunizierte, kommunizierten so gut wie alle auch ebenso fleißig mit meinen Berliner Singlefreundinnen, bei denen es ebenfalls gematcht hatte. Das ergibt durchaus Sinn, denn es ist nun mal so, dass ab einem gewissen Alter Männer mit Potential eine durchaus seltene Spezies sind und daher wahrscheinlich mit Tinder-Herzen nur so bombardiert werden.

Nun ist es so, dass Frauen in der Regel gerne teilen. Ich habe absolut kein Problem damit, meine Schuhe, Klamotten und sogar Lippenstifte mit meinen Mädels zu teilen. Auch mein Auto oder meine Wohnung verleihe ich bereitwillig. Bei einem Mann mit Potential hört die Großmut allerdings auf. Ich kann nur für mich sprechen, aber ich möchte keinen Mann daten, der zuvor schon Dates und/oder intensiven Körperkontakt mit meinen Freundinnen gehabt hat. Sucht man aber sein Liebesglück über Tinder, dann wird mit großer Wahrscheinlichkeit genau das passieren.

Und da kommen wir zum Punkt: Tinder ist – ebenso wie die anderen Flirt-Apps – ein hervorragender Zeitvertreib und eine tolle Möglichkeit, unverbindlichen Spaß zu haben. Wer auf der Suche nach einem Sexpartner ist, wird auf Tinder garantiert fündig. Auch spontane Dates und viele nette Bekanntschaften können dabei herausspringen. Ich habe durchaus einige positive Dinge zu berichten. So habe ich einen guten Freund von mir über Tinder kennengelernt. Wir hatten ein nettes Date, um dann herauszufinden, dass es zwar nicht die große Liebe werden würde, aber für eine solide Freundschaft auf jeden Fall reicht. Auch die Sache mit dem unverbindlichen Tinder-Sex ist mir schon passiert – und es war durchaus nicht schlecht. Man sollte sich einfach immer der großen Beliebigkeit und somit auch Unverbindlichkeit bewusst sein, die derartige Flirt-Apps mit sich bringen: Passt mir eine(r) nicht, dann klicke ich eben weiter.

Meiner Erfahrung nach nutzen Männer die Möglichkeit, mit ein paar Klicks das nächste Sex-Date zu ergattern, etwas häufiger aus als Frauen, die sich dadurch vielleicht doch den Traumprinzen erhoffen. Das wurde mir klar, als ich mit einer Freundin und einem guten Freund von ihr das Ballett *Schwanensee* ansah. Während sich Prinz Siegfried auf der Bühne unsterblich in Odette verliebte und gegen alle Widrigkeiten ankämpfte, um mit ihr zusammen zu sein, meinte unser männlicher Bekannter ganz trocken: »Da sind doch ganz viele Schwäne auf der Bühne, warum will er denn ausgerechnet die, wenn es so kompliziert ist?« Da fiel es mir wie Schuppen von den Augen: Bei Tinder oder anderen Flirt-Apps läuft man Gefahr, nur einer von vielen Schwänen zu sein, der ausgetauscht wird, sobald es vielleicht etwas kompliziert wird. Ich habe für mich daher beschlossen, auf diese Art der Partnersuche zu verzichten, schließlich ist es mir wichtig, für meinen Partner der EINE Schwan zu sein. Gegen unverbindliche Flirts mit Hilfe dieser Apps habe ich aber nach wie vor nichts einzuwenden …

Der Fairness halber muss man sagen, dass es durchaus passieren kann, dass man über eine Flirt-App die große Liebe kennenlernt – Ausnahmen bestätigen auch hier die Regel. Ich selbst kenne sogar ein Paar, bei dem das »It's a Match« der Grundstein zu einer wunderbaren Beziehung war, die nun mit einem Kind gekrönt wird. Wer sich der Möglichkeit bewusst ist, dass die Tinder-Bekanntschaften unter Umständen auf etwas völlig anderes aus sind als man selbst, darf durchaus hoffen, auf diesem Weg einen Partner zu finden.

Tinder war übrigens nur der Anfang, mittlerweile gibt es weitere Flirt-Apps, die dem Original schon langsam den Rang ablaufen. Ich persönlich finde beispielsweise happn ganz unterhaltsam. Dabei handelt es sich in gewisser Weise um ein Tinder für besonders lauffaule Singles, denn das Motto von happn lautet: »Finde wieder, wem du begegnest!« Das Prinzip ist, dass dir potentielle Flirt-Partner angezeigt werden, denen du über den Weg gelaufen bist. Sei es auf dem Weg zum Supermarkt oder ins Büro. Entweder man hat diese Sahneschnitten im realen Leben einfach übersehen, oder man war zu schüchtern, sie anzusprechen. Kein Problem, happn liefert die zweite Chance. Einzige Voraussetzung: Der betreffende Mann muss auch happn-Mitglied sein, damit er auf meiner Timeline erscheint. Die App funktioniert über die geographische Lokalisierung seiner Mitglieder, sie zeichnet in ihrer Chronik die Begegnungen der User auf. Ist das passiert, ist das Prinzip im Grunde genau wie bei Tinder. Mit einem Herz kann ich signalisieren, dass ich ihn gut finde, ein Kreuz bedeutet: Und tschüs! Gibt er mir auch ein Herz, können wir chatten. Möchte ich einem Mann besonders deutlich sagen, dass er mir gefällt, kann ich ihm auch einen »Charm« schicken (dieser Service ist übrigens für Frauen kostenlos, Männer müssen dafür zahlen).

Ich muss sagen, ich finde es irgendwie witzig, zu sehen, welche Kollegen mir auf dem Weg ins Büro im Fahrstuhl begegnet sind und mir jetzt als happn-Kontakt angeboten werden. Oder welche süßen Typen in meiner Nachbarschaft wohnen. Auch wenn es eigentlich traurig ist, dass mir das nie im echten Leben auffällt, sondern es mir mein Smartphone sagen muss.

Eine weitere Flirt-App, die immer mehr begeisterte Anhänger hat, ist OkCupid, die von Harvard-Studenten entwickelt wurde. Der Vorteil dieser App: Angemeldete Nutzer müssen anfangs verschiedene Fragen beantworten, damit eine Kompatibilitätsabschätzung möglich ist. Hier sollen also nicht nur wahllos Singles zusammenfinden, sondern bitte die, die auch zusammenpassen. Mir wird bei jedem Profil angezeigt, wie gut der Typ aufgrund seiner Antworten zu mir passen würde. Als generellen Pluspunkt sehen die Fans dieser App, dass man im Gegensatz zu Tinder eine ganze Menge Infofelder ausfüllen und seinen Flirtpartner schon eine ganze Menge über sich verraten kann. Die Fragen gehen auch richtig ins Detail, sprich, wer sich beim Ausfüllen Mühe gibt, liefert schon ein ganz gutes Gesamtbild von sich ab, während es bei den meisten anderen Apps in erster Linie ja nur um die Fotos geht, die man hochlädt.

Ich muss gestehen, ich persönlich kann mit dieser App nicht sonderlich viel anfangen, auch wenn ich aus meinem Freundeskreis immer wieder Lobeshymnen darauf höre. Mir ist es erstens zu zeitaufwendig, so viel auszufüllen, zweitens haben mir prozentual sehr wenige Männer gefallen, die mich über OkCupid angeschrieben haben. Es kann aber auch einfach sein, dass ich mit Tinder und happn so ausgelastet bin, dass ich einfach nicht mehr offen für eine weitere Flirt-App bin.

Die Mutter aller Flirt-Apps kann man meiner Ansicht nach übrigens Facebook nennen. Auch wenn die bekannteste Social-Media-Plattform der Welt nicht als solche ausgezeichnet wird, wird sie von vielen der ca. 1,39 Milliarden Nutzer weltweit dazu genutzt, zu flirten, zu schäkern und virtuelle Partnersuche zu betreiben. Partnersuche auf der Pinnwand sozusagen.

Wer bei Facebook nicht aktiv auf die Pirsch geht, hat ja immer durch die eigenen Posts die Möglichkeit, ein Außenbild von sich zu kreieren. Das geschieht einmal schon mal ganz banal dadurch, dass man beim Beziehungsstatus »Single« angibt und somit die potentiellen Partner da draußen wissen lässt: »Ich bin noch zu haben!« Und dank schöner Fotos und Profilbilder, intelligenter, witziger Posts und der richtigen Kommentare ist es nicht allzu schwer, sich als äußerst begehrenswerter Single zu präsentieren.

Wichtig ist dabei, keinesfalls zu suggerieren, wie einsam, liebesbedürftig oder gar verzweifelt man ist. Dass das die potentiellen Lover schon von vornherein abschreckt, ist nachzuvollziehen. Generell ist es nicht unbedingt sexy, ständig in mitleiderregenden, negativen Posts der virtuellen Welt mitzuteilen, wie schlecht die reale angeblich ist. Ich habe unter meinen Facebook-Freunden eine ehemalige Kollegin, die fällt genau in diese Kategorie. Jeden Tag tauchen Posts von ihr auf, in denen sie über irgendeinen Missstand auf dieser Welt oder auch nur in ihrem Leben schimpft, jammert oder lamentiert. Das zieht einen echt schon beim Lesen runter, ich habe ihr Profil irgendwann deswegen sogar verborgen. Dass dieser Ausbund an Optimismus und Lebensfreude schon seit geraumer Zeit Single ist, finde ich daher nicht wirklich verwunderlich. Und auch dieser Zustand wird von ihr bei Facebook stets für die Öffentlichkeit beklagt. Liebe Frauen, wir wollen doch auch einen selbstbewussten Mann als Partner, der sich seines eigenen Wertes bewusst ist und nicht händeringend auf öffentlichen Portalen rumjammert, wie einsam er als Single ist. Ja, natürlich gibt es diese Phasen, in denen man sich als Single einsam fühlt. Und in denen man diesen Beziehungsstatus verflucht und alle glücklichen Paare da draußen gleich mit. Nur, das muss ich doch nicht jedem auf dem Silbertablett servieren!

Singlefrauen, die dagegen Leichtigkeit und Optimismus durch ihre Fotos und Posts versprühen, können ihr Facebook-Profil durchaus als Köder bei der Partnersuche nutzen. Des Weiteren kann man Facebook zu diesen Zwecken auch aktiv nutzen. Mir gefällt ein Kollege oder der Bekannte einer Freundin? Kein Problem, ich schreibe ihn eben mal schnell über Facebook an. Der Vorteil dieser Plattform gegenüber Flirt-Apps oder Dating-Seiten: Man kann im Nachhinein immer so tun, als sei das gar kein Flirtversuch, sondern total unverbindlich gewesen. Schließlich ist Facebook ja offiziell keine Kuppelseite … Erhält man im besten Fall eine nette

Antwort, dann ist der nächste Schritt, dem anderen die Freundschaft anzubieten.

Ich kenne einige Paare, die sich über Facebook angenähert haben und bei denen ein stundenlanger Chat letztendlich zu einer Beziehung geführt hat. Ich selbst habe das auch schon einige Male ausprobiert – mal mit mehr und mal mit weniger Erfolg. Vor ein paar Jahren fand ich beispielsweise einen entfernten Kollegen gut – Tom, den Mann, der mir später das Herz gebrochen hat, weil er ein verheirateter Lügner war. Wir arbeiteten zwar im selben Haus, aber nicht in derselben Abteilung – weswegen ich ihn sofort nach dem Kennenlernen aus den Augen verlor. Wir hatten uns nämlich ganz profan bei einer Raucherpause auf dem Balkon kennengelernt und sofort gut verstanden. Ich fand ihn unglaublich sympathisch und attraktiv, und auch er wirkte so, als sei er nicht abgeneigt. Leider hatten wir beide verpasst, die Nummern auszutauschen oder ein Date auszumachen. Als ich einige Monate später seinen vollen Namen erfuhr, habe ich ihn einfach bei Facebook angeschrieben. Und er hat sofort geantwortet. Was folgte, war ein sechsstündiger (!) Chat bis tief in die Nacht hinein. Es klingt unglaublich, aber man kann sich über eine Online-Plattform wirklich problemlos das halbe Leben erzählen … Tags darauf hatten wir das erste Date, und nach ein paar weiteren Treffen sind wir zusammengekommen. Leider hat die Beziehung nur ein paar Monate gehalten und, wie schon erwähnt, ein böses Ende genommen. Aber unabhängig davon ist sie ist ein guter Beleg dafür, dass das Anbandeln über Facebook funktionieren kann.

Ein weiterer Vorteil: Wenn man abends unterwegs ist und jemanden kennenlernt, muss man nicht mehr zwingend seine Telefonnummer rausrücken. Man befreundet sich einfach über Facebook und schaut erst einmal, wie die Sache so anläuft. Möchte man das Ganze schnell wieder beenden, muss man sich nicht mehr eine neue Nummer zulegen, sondern sperrt den anderen einfach über Facebook.

Wie mir übrigens kürzlich ein Kollege erzählt hat, wird sogar die Job-Plattform Xing nicht gerade selten als Flirtmöglichkeit genutzt. Das zeigt, dass man auch in der virtuellen Welt die große Liebe an den Orten treffen kann, an denen man es vielleicht gar nicht erwartet.

## Ein Profil zum Verlieben

Während man beispielsweise bei den meisten Flirt-Apps selbst gar kein Profil anlegen muss, weil alle wichtigen Informationen über Facebook gezogen werden, sollte man sich für sein Profil auf einem Dating-Portal schon etwas Zeit nehmen. Der Online-Dating-Markt ist riesig, dementsprechend wichtig ist es, aus all diesen Suchenden herauszustechen. Das eigene Profil ist die Visitenkarte, mit der man sich präsentiert. Wer sich hier nicht von seiner besten Seite zeigt, verschwindet leider schneller im virtuellen Nirwana, als man bis drei zählen kann. Wer also bei allen Fragen im Profil aussagelose Standardantworten angibt, darf sich nicht wundern, wenn die Suche nicht mit Erfolg gekrönt wird. Mein Profil repräsentiert mich in der Online-Welt, und ebenso wie ich mich abends in einer Bar von meiner Schokoladenseite zeigen würde, sollte das auch im Netz passieren.

*Der Nickname:* Meist völlig unterschätzt, aber wirklich wichtig ist der Name, mit dem man sich auf dem Online-Portal anmeldet, denn er vermittelt den potentiellen Flirtpartnern den allerersten Eindruck von dir. Die Wahl des Benutzernamens ist dafür verantwortlich, wie man rüberkommt. Frauen, die sich für »sexy82« entscheiden, dürfen sich nicht wundern, wenn die Männer, die ihnen schreiben, ganz bestimmte Absichten haben. Generell ist Kreativität gefragt, denn laut verschiedener Studien verliert die Kombination »Vorname + Geburtsjahr« (zumal bei diesem häufig geschwindelt wird). Besser eignen sich Benutzernamen, die bereits etwas über die eigene Persönlichkeit oder Interessen verraten. Laut Studie sind Nicknames, die etwas über das Aussehen verraten, äußerst beliebt. Allerdings sollte es auch hier eher dezent ablaufen, so ist »AugenwiedasMeer« besser als »DD-Körbchen«. Warum, muss ja wohl nicht extra erläutert werden … Ebenfalls eine gute Wahl sind humorvolle Benutzernamen oder diejenigen, die die Flirtabsicht bereits im Namen verdeutlichen.

*Die Profilbilder:* Bitte niemals die Wirkung guter Fotos unterschätzen! Zahlreichen Studien und Umfragen zufolge werden Profile ohne Foto überhaupt nicht erst angeklickt. Es ist nun mal so, dass beim allerersten Eindruck die Optik und nicht die inneren Werte zählen. »Ein Bild sagt mehr als 1000 Worte« – das ist nicht nur eine leere Floskel. Wichtig: Immer daran denken, dass die Fotos, die ich von mir zeige, ganz bestimmte Menschen ansprechen. Frauen, die sich auf ihren Profilbildern übertrieben aufreizend und untertrieben angezogen präsentieren, dürfen sich später nicht wundern, wenn sie nur von einer ganz bestimmten Sorte Mann angeschrieben werden. Bin ich auf der Suche nach einem Partner für eine ernsthafte Beziehung und die großen Gefühle, dann sollte ich auf diese Art Bilder besser verzichten.

Klar sollte man Fotos hochladen, die einen von der Schokoladenseite zeigen, aber bitte ohne aufgesetztes oder übertriebenes Posing. Offenheit und sympathische Ausstrahlung sind 1000-mal besser als eine selbstverliebte Inszenierung. Zudem ist es gut, mehrere Bilder hochzuladen, die mich in möglichst verschiedenen Situationen zeigen. So hat der Betrachter eine bessere Möglichkeit, sich einen ersten Eindruck von mir als Person, meinen Interessen und meinem Leben zu verschaffen. Ein Fehler, der häufig begangen wird, ist, ein Bild hochzuladen, auf dem man nicht allein zu sehen ist. Es ist schon blöd, wenn dem männlichen Flirtpartner das Foto besonders gut wegen der sportlichen Brünetten gefällt, man selbst aber die kurvige Blondine daneben ist. Ein absolutes No-Go, was Online-Flirten und Fotos betrifft, ist meiner Ansicht nach das Versenden von nackten Körperteilen – generell, aber vor allem in dem Stadium, in dem man über ein »Hallo« noch nicht hinausgekommen ist. Ich kann mittlerweile schon gar nicht mehr nachzählen, wie oft mir Männer geschrieben haben, von denen ich in erster Linie nun ihr bestes Stück kenne. Und darauf kann man als Frau auf der Suche nach Mr. Right wirklich verzichten.

*Der Text:* Neben den Fotos spielt in Sachen Profil natürlich auch das geschriebene Wort eine große Rolle, denn je treffender ich mich beschreibe, umso größer ist die Chance, dass die Männer, die mich anschreiben, auch wirklich an meiner Person interessiert sind. Klassische Dating-Portale geben ausführliche Fragebögen vor, die es auszufüllen gilt. Auch, wenn es einen hohen Zeitaufwand bedeutet, sollte man die Fragen ehrlich und möglichst ausführlich beantworten. Wer bei Fragen nach Interessen oder Hobbys lediglich Standardantworten wie »Lesen und Essengehen« eingibt, kommt leider nicht sonderlich spannend rüber. Bitte nicht falsch verstehen, ich lese und esse auch gern und kann das natürlich auch angeben, aber es lohnt sich, in seinem Inneren danach zu forsten, was man denn noch alles gerne macht, und das dann auch zu verraten. Das können Dinge wie Origamifalten oder Brieftaubenzüchten sein, Hauptsache, sie verraten meinem virtuellen Gegenüber ein bisschen mehr über mich.

Eine mehr als blöde Idee ist es allerdings, als Interessen abenteuerliche Hobbys anzugeben, von denen man selbst so weit entfernt ist wie jemand mit Höhenangst vom Bungee-Jumping. Sprich, wer in sein Profil schreibt, er sei fantastisch im Tiefseetauchen oder leidenschaftlicher Drachenflieger, der könnte am Ende ziemlich blöd dastehen, wenn der Dating-Partner genau darauf angesprungen ist und das gerne gemeinsam unternehmen möchte. Tipp: Man sollte sich beim Online-Dating immer so gut wie möglich präsentieren, und gegen kleine positive Übertreibungen ist auch nichts zu sagen, aber generell sollte man ehrlich sein. Schließlich möchte man ja auch eine ehrliche Beziehung und nicht in die Lage kommen, stets eine Person darstellen zu müssen, die man überhaupt nicht ist. Diese Ehrlichkeit ist natürlich unerlässlich bei Angaben zum Familienstand etc. Sprich, Kinder oder feste Partner sollten unter keinen Umständen verschwiegen werden …

Völlig unterschätzt, aber doch sehr wichtig sind die Profilfelder, in denen man sich mit ein paar eigenen Worten selbst beschreiben soll. Klingt total einfach, ist es aber nicht. Ich weiß aus eigener Erfahrung, dass man gefühlt Ewigkeiten vor dem PC sitzen kann und einem absolut nichts einfällt, was man über sich schreiben kann. Auch hier besteht die Herausforderung darin, sich in einem guten Licht zu präsentieren, aber sich nicht völlig übertrieben (und unglaubwürdig) zu glorifizieren. Wer ausschließlich seine positiven Seiten darlegt, wirkt in etwa so authentisch wie Boris Becker auf Twitter. Wer dagegen zu viele negative Dinge aufzählt, der wird seine Chancen beim Flirten nicht unbedingt steigern. Ich würde sagen, wie so oft im Leben ist auch hier ein gesundes Mittelmaß gefragt. Ruhig die positiven Eigenschaften in den Vordergrund stellen, aber auf charmante Art und Weise einfließen lassen, dass man durchaus seine kleinen Macken hat. Kein Single auf Partnersuche erwartet das perfekte Gesamtpaket – und die, die es doch tun sollten, dürften damit ihre Chancen auf ihr Liebesglück nicht unbedingt steigern.

## Kommunikationstipps

Es gibt Frauen, die beim Online-Dating stur darauf warten, bis sie von Männern angeschrieben werden. Das Motto »Ich bin die Frau und möchte erobert werden« führt für viele im Netz genauso wenig zum Erfolg wie beim Offline-Flirten. Es ist natürlich nicht so, dass man als Frau mit einem ansprechenden Profilbild nicht von zahlreichen virtuellen Möchtegern-Romeos angeschrieben wird, aber um einen zu finden, der wirklich zu einem passt, muss frau auch mal selbst die Initiative ergreifen. Sprich, sich aktiv Profile ansehen und nicht zögern, diejenigen anzuschreiben, die zumindest auf den ersten Blick das Herz schneller schlagen lassen. Ganz ehrlich, was hat man denn zu verlieren? Im schlimmsten Fall kriegt man keine Antwort oder merkt an der Art der Antwort, dass der Mann nicht interessiert ist. So what, das ist der Vorteil beim Online-Dating: Es schwimmen viele potentielle Romeos im Netz.

Ebenso, wie beim Flirten in freier Wildbahn abgedroschene Anmachsätze ein absolutes No-Go sind, haben sie auch in Mails absolut nichts zu suchen. Natürlichkeit und Ehrlichkeit sind die Schlüssel, wenn man miteinander in Kontakt treten möchte. Mit diesen Tipps gelingt die virtuelle Kommunikation:

*Immer schön du selbst bleiben:* Es geht darum, einen Partner kennenzulernen, der mit dir zusammen sein möchte. Und zwar genau deshalb, weil du so bist, wie du bist. Schreibe ich als Frau einen Mann an, der mir gefällt, bringt es weder mir noch ihm etwas, wenn ich mich als jemand ausgebe, der ich nun mal nicht bin. In meinem Fall wäre es zum Beispiel total kontraproduktiv, wenn ich einen auf superaktive Sportskanone mache, nur um den Kerl zu beeindrucken. Ich kann mit Sport nun mal relativ wenig anfangen, deshalb ist es nicht sehr erfolgversprechend, wenn ich als angebliche »Sporty-Spice« die Typen anziehe, die mit mir joggen oder klettern gehen wollen. Ich stehe zu meinen echten Interessen und Vorlieben und lerne so die Männer kennen, die wirklich zu mir passen.

*Gemeinsamkeiten als Gesprächseinstieg nutzen:* In der Regel ist es so, dass ich das Profil des Mannes, der mir gefällt und den ich gerne anschreiben möchte, vorher schon ausführlich studiert habe. Stoße ich dort auf Gemeinsamkeiten, beispielsweise ein Hobby, das man teilt, oder ein gemeinsames Lieblingsreiseziel, dann ist das der perfekte Opener für einen gelungenen Kommunikationsbeginn. Das ist 1000-mal origineller als ein abgedroschenes »Na, wie geht's Dir?«. Leider neigen gerade Männer dazu, mit diesem Satz, den sie wahrscheinlich copy-and-paste-mäßig verwenden, ins Gespräch einsteigen zu wollen. Bei mir war es irgendwann so weit, dass ich auf derartige Nachrichten gar nicht mehr geantwortet habe, sondern bewusst nur den Männern zurückgeschrieben habe, die sich ein bisschen Mühe gegeben haben. Und das können die Herren der Schöpfung andersherum natürlich auch erwarten.

*Laufen lassen:* Ist die Kommunikation erst einmal gestartet, dann gilt es, sie entspannt und ohne Druck am Laufen zu halten. Small Talk ist eine Kunst, egal, ob in freier Wildbahn oder im Netz. Wichtig ist, dem anderen »zuzuhören«, also in diesem Fall die Antworten aufmerksam zu lesen, um mit gezielten Rückfragen ein interessantes Gespräch entstehen zu lassen. Humor schadet nie, und es gelingt mit ein bisschen Übung auch, schriftlich zu flirten. Ehrlich gemeinte Komplimente sind zum Beispiel ein eleganter Weg, mein Interesse zu bekunden.

*Apropos Interesse:* Soll das Ganze nicht in einer Brieffreundschaft enden, sollte man nicht allzu viel Zeit vergehen lassen, bevor man etwas konkreter wird. Auf gut Deutsch: nach einem Treffen fragen! Es ist eine goldene Regel beim Online-Dating, dass man sich relativ zeitnah treffen sollte. Sonst ist irgendwann die Luft raus, weil man sich in 1000 Mails eh schon das halbe Leben erzählt hat. Außerdem besteht die Gefahr, dass man sich durch die Schreiberei ein fixes Bild von dem anderen macht, das ihm vielleicht überhaupt nicht entspricht. Ich finde zudem, dass frau ruhig misstrauisch werden darf, wenn ein Typ zwar täglich schreibt – und das schon seit einer gefühlten Ewigkeit –, aber keine Anstalten macht, ein Treffen vorzuschlagen, bzw. nie auf die Frage nach einem Date eingeht. Das vermittelt einem, warmgehalten zu werden, während sich der Herr noch anderweitig umschaut. Oder es gibt eine Freundin, die ein mögliches Treffen erschwert. Daher immer schön auf einem zeitnahen Date bestehen und den Kerl abhaken, wenn er nicht möchte!

# Die häufigsten Lügen beim Online-Dating

Keine Frage, das virtuelle Flirten ist prädestiniert für Schummeleien, Übertreibungen oder gar große Lügen. Das sollte jedem bewusst sein, der im Netz nach der großen Liebe sucht. Denn im World Wide Web kann sich jeder so präsentieren, wie er am allerliebsten wäre. Da wird der pummelige Klempner schon mal zum durchtrainierten Adonis mit eigenem Start-up. Oder die nette, aber unscheinbare Brünette von nebenan mutiert ganz plötzlich zur kurvigen Sexbombe. Der Fantasie sind im Internet keine Grenzen gesetzt – und das ist leider beim Online-Dating nicht anders.

So verlockend es auf den ersten Blick vielleicht sein mag, ein paar Kilos oder Jährchen wegzuschummeln, so ineffektiv ist es letztlich für die Partnersuche. Ist man nämlich nicht auf der Suche nach einem Brieffreund, sondern nach einem realen Partner, wird man sich früher oder später treffen. Von Angesicht zu Angesicht. Und da wäre es schon blöd, wenn der andere auf diese Weise erkennen darf, dass man beim eigenen Profil einen auf Pinocchio gemacht hat. Oder man ist selbst total enttäuscht, weil man eigentlich einen coolen Outdoor-Typen erwartet hat und plötzlich einem blassen Bücherwurm gegenübersitzt. Ich möchte jetzt wirklich nicht päpstlicher als der Papst klingen und behaupten, es wäre nicht okay, beim Ausfüllen des Profils ein bisschen zu schummeln. Das ist natürlich okay, aber man sollte eben nicht übertreiben. Schließlich möchte man selbst ja auch nicht komplett belogen werden. Apropos, hier kommen Begriffe, bei denen in Sachen Online-Dating am häufigsten geschwindelt wird:

*»Attraktiv«:* Klar, Attraktivität liegt im Auge des Betrachters, jeder Mensch empfindet etwas anderes als schön und sexy.

Dennoch beschreiben sich viele Menschen beim Online-Dating als attraktiv, obwohl sie ihr Bild doch ein wenig mit Photoshop bearbeitet haben. In Sachen Optik wird am häufigsten gelogen. Da werden Zentimeter auf die Körpergröße drauf- und vom Umfang weggemogelt. Ich kenne Frauen, denen es wirklich schon passiert ist, dass sie sich auf das Treffen mit einem Mann freuten, der auf den Fotos exakt ihrer Vorstellung vom Traummann entsprach. Dummerweise haben sie den Kerl in der Bar gar nicht erst erkannt, da er optisch mit dem Mann aus dem Netz leider absolut nichts gemeinsam hatte. Ich weiß, das klingt wahnsinnig oberflächlich, aber sich (vermeintlich) schöner zu schummeln, bringt letztendlich keinem etwas. Mir ist es bislang Gott sei Dank noch nie passiert, dass sich ein Mann um so viel attraktiver geschummelt hat, dass ich ihn am Treffpunkt nicht erkannt hätte. Da mir aber durchaus bewusst ist, dass so was passieren kann, bevorzuge ich das Treffen vor einem Lokal oder an einer gut überschaubaren Stelle. Das erspart einem das hilflose Herumgesuche.

*»Sportlich«:* Es ist so einfach und so unheimlich verlockend, sich mit einem Klick im Profil sportlicher zu machen, als man ist. Es ist nun mal so, dass es als äußerst sexy gilt, sportlich zu sein. Aber sollte man diesbezüglich schummeln, kommt es spätestens dann raus, wenn der Sportfreak, der sich mit dir treffen möchte, eine Partie Tennis zum ersten Date vorschlägt. Ich gebe zu, ich war auch schon kurz davor, mich in meinem Profil als sportlich zu beschreiben – obwohl ich ein absoluter Sportmuffel bin. Aber die Angst, mich im Endeffekt zu blamieren, hat mich davon abgehalten. Zudem würde es nichts bringen, wenn ich einen Mann kennenlerne, für den (gemeinsamer) Sport unheimlich wichtig ist. Ich müsste mich für ihn verbiegen, und das sollte in einer Beziehung echt nicht der Fall sein.

*Das Alter:* Es ist kaum zu glauben, wie viele Menschen sich auf ihren Portalen jünger mogeln. Sollte man online jemanden kennenlernen und mit demjenigen eine Beziehung eingehen, wird dieser Schuss früher oder später nach hinten losgehen. Das wahre Alter wird ans Licht kommen – und viele Menschen finden es sicher nicht so toll, wegen so etwas angelogen worden zu sein. Wer Mitte 30 ist, ist eben Mitte 30 – ganz ehrlich, sollte das den anderen stören, dann ist er sowieso nicht der Richtige.

*Der Familienstand:* Eigentlich könnte man davon ausgehen, dass Menschen, die sich bei einer seriösen Partnerbörse anmelden, solo sind. Im Profilfeld »Beziehungsstatus« geben das auch die meisten an. Leider gibt es viele schwarze Schafe, die in diesem Punkt nicht ehrlich sind. Da werden Ehepartner oder gar Kinder verschwiegen. Leider kann sich vor falschen Angaben niemand schützen, eine Portion gesunde Skepsis beim ersten Kennenlernen im Netz kann daher nicht schaden. Ich habe meinen Ex-Freund Tom zwar nicht online kennengelernt, er hat mir diesbezüglich von Beginn an ins Gesicht gelogen, aber es ist natürlich klar, dass es viel einfacher ist, online zu schwindeln als bei einem Kennenlernen im wahren Leben jenseits des Internets.

# 5. Erfolgsaussichten beim Online-Dating

Keine Frage, wer ernsthaft den Richtigen finden möchte, der sollte beim Online-Dating einiges beachten. Ansonsten wird man auf diesem Wege nämlich ganz schnell von den Falschen gefunden. Aus diesem Grund sind Geduld und unerschütterlicher Optimismus meiner Meinung nach die Grundvoraussetzung für die virtuelle Suche nach der Liebe. Es gibt Momente, da möchte man einfach nur sein Profil löschen und hat absolut keine Lust mehr, die 100. Mail zu beantworten. Dann aber lernt man diesen einen virtuellen Flirtpartner kennen, schreibt ihm freiwillig 100 Mails am Tag und kann es kaum erwarten, bis er antwortet. Plötzlich weiß man gar nicht mehr, warum man Online-Dating mal so doof gefunden hat und warum man so schrecklich genervt war. Dann fiebert man plötzlich dem Date mit dem »Brieffreund« entgegen – damit er eben nicht nur der Brieffreund bleibt, sondern vielleicht der Mann ist, mit dem man eine Beziehung haben möchte.

Die Aussicht auf Erfolg ist beim Online-Dating meiner Ansicht nach groß, denn die Chance, dass unter so vielen Menschen, die da mitmischen, der eine dabei ist, liegt relativ hoch. Schätzungen verschiedener Singlebörsen zufolge liegt die Erfolgsquote etwa bei 30 bis 40 Prozent. Einen Vorteil haben die Befürworter von Online-Dating so oder so: Sie tun aktiv etwas, um ihr Singledasein zu beenden. Wer nicht wagt, der nicht gewinnt, ist hier die Devise. Und somit sind sie den reinen Offline-Menschen, die sich abends in der Bar mal wieder nicht trauen, das Objekt ihrer Begierde anzusprechen, einen großen Schritt voraus.

Ich sehe in meinem Umfeld mittlerweile so viele glückliche Paare, die sich im World Wide Web kennengelernt haben. Sei es über eine klassische Online-Partnerbörse oder eine Flirt-App. Und auch ich bin immer mal wieder im Netz fündig geworden und kann allein deshalb diese Art der Partnersuche empfehlen. Ich habe einige Männer kennengelernt, mit denen ich tolle Dates und lustige Abende hatte. Ich habe ein, zwei Männer kennengelernt, mit denen ich wunderbaren Sex hatte, der zwar nicht in einer Beziehung, gemündet hat, dafür aber gut für meine Libido war. Und ich habe Männer kennengelernt, mit denen es zumindest zu dem Versuch gekommen ist, eine Beziehung hinzukriegen. Auch wenn der eine Richtige bislang noch nicht dabei war, möchte ich meine Online-Bekanntschaften nicht missen und auch die Erfahrungen nicht, die mir das Ganze bringt. Apropos Erfahrung, ganz egal, ob offline oder online kennengelernt, so ein erstes Date ist immer eine aufregende Sache – und das ganze Drumherum ist auch nicht zwingend einfach …

# II.
# Vom Kennenlernen zur Affäre

# 1. Der (vermeintlich) schwere Weg zum ersten Date

Nicht nur die Kontaktaufnahme an sich kann mit 1000 Hindernissen gespickt sein, auch der Weg vom Kennenlernen zum ersten Date mutiert häufig zum Spielchen »Wer meldet sich zuerst?«. Da hat man sich in der Bar/im Supermarkt/ bei Freunden zufällig getroffen, sich wunderbar unterhalten und – halleluja – sogar Nummern ausgetauscht, weil man sich unbedingt wiedersehen möchte, und dann passiert nichts. Oder man ist beim Online-Dating fündig geworden, schreibt seit Tagen intensiv hin und her, und trotzdem wurde immer noch kein Date fix gemacht. Und zwar, weil beide der komischen Ansicht sind, dass es unbedingt der jeweils andere sein müsse, der sich gefälligst zuerst zu melden habe. Oder zuerst nach einem Treffen fragen müsse.

SIE, weil sie auch im 21. Jahrhundert noch der festen Überzeugung ist, dass es die Aufgabe vom vermeintlichen Prinzen ist, sich auf seinen Gaul, Pardon, an den Telefonhörer zu schwingen und sie um ein Date anzubetteln. ER, weil er sich denkt: »Sie wollten doch die Emanzipation, jetzt haben sie sie!«, und darauf wartet, dass die moderne Frau von heute einen auf Eroberin macht. Und so warten sie beide – und verlieren im blödesten Fall irgendwann das Interesse aneinander. Beziehungsweise denken, der andere sei sowieso nicht interessiert, sonst hätte er sich schließlich gemeldet …

Ich gestehe, ich habe in meinem Leben in Sachen Liebe und

Dates schon einiges falsch gemacht, bin in Fettnäpfchen getreten und habe aufkeimende Liebesgeschichten vermasselt. Aber auf diese Spielchen »Wer meldet sich zuerst?« oder »Wenn er sich nicht nach drei Tagen meldet, dann ist er ein Arsch« habe ich mich nie eingelassen. Einfach deshalb, weil ich sie doof und total unnötig finde. Es ist verdammt noch mal schwer genug, jemanden zu finden, mit dem man sich die große Liebe überhaupt nur vorstellen kann. Und das Ganze dann aufs Spiel setzen, bevor es überhaupt begonnen hat, nur weil beide zu stolz sind, das blöde Telefon in die Hand zu nehmen? Sicher nicht! Meldet der Mann sich zuerst, freue ich mich, schließlich bin ich auch eine Frau und lasse mich gerne erobern. Habe ich das Bedürfnis, mich zuerst zu melden, dann tue ich das, ohne groß darüber nachzudenken.

Beim Online-Dating ist es in der Regel einen Tick einfacher, ein Date klarzumachen, weil man eh fast ausschließlich schriftlich miteinander kommuniziert und sich daher eher traut, den Flirt nach einem Treffen zu fragen. Allerdings kann es natürlich auch auf diesem Wege zu Missverständnissen kommen. Nicht zuletzt eben bei der Frage, wer jetzt zuerst nach einem Date fragen soll. Es kann natürlich immer sein, dass sich einer von beiden plötzlich nicht mehr meldet, weil er das Interesse verloren hat. Das kann passieren, ist aber schade, denn letzten Endes geht es doch darum, dass man sich sehen möchte – und da sollte nicht der Weg zum ersten Date schon das größte Hindernis werden. Es gibt schließlich noch einige andere Hürden, die es zu überwinden gilt …

## Die dümmsten Ausreden

Da hat man seit einiger Zeit tollsten Mailkontakt, aber ein erstes Treffen kommt einfach nicht zustande. Und zwar, weil sich der Mann als wahrer Hinhaltetaktiker entpuppt. Es ist kaum zu glauben, wie häufig es vor allem in Singlebörsen zu Grippewellen, Todesfällen in der Verwandtschaft und beruflichen Stressphasen kommt. Und zwar immer dann, wenn es darum geht, sich endlich mal jenseits der virtuellen Welt zu treffen. Selbstverständlich können in Einzelfällen immer derartige Dinge eingetreten sein, die verhindern, dass man sich nach gefühlten 100 Mails endlich mal trifft. Es besteht aber leider auch die Chance, dass sich der Mann einer Hinhaltetaktik bedient und deshalb ständig Ausreden erfindet.

Die Gründe hierfür können unterschiedlich sein. Entweder er ist sich noch unsicher, ob das Ganze Potential hat, und möchte sich deshalb mit dem ersten Treffen noch etwas Zeit lassen. Das ist ja auch legitim, nur sollte man das an dieser Stelle auch ehrlich sagen. Dann kann die Frau immer noch entscheiden, ob es für sie okay ist, noch eine Weile beim E-Mail-Kontakt zu bleiben. Oder der Gute sieht die Kommunikation auf der Singleplattform nur als Zeitvertreib, hat aber in Wirklichkeit null Interesse an einem realen Kennenlernen. Im schlimmsten Fall fährt er mehrgleisig und schafft es daher nicht, die Dates zeitlich organisiert zu kriegen. Welcher Grund auch immer zutreffen mag, bei diesen Ausreden sollte frau doch besser hellhörig werden – und sich fragen, ob ein Date mit diesem Kerl wirklich eine gute Idee ist:

*»Ich bin beruflich gerade total eingespannt«:* Klar, solche Phasen kennt wahrscheinlich jeder, der der arbeitenden Bevölkerung angehört. Daher kann das natürlich stimmen. Allerdings

darf man die Frage stellen, warum derjenige dann täglich stundenlang Zeit hat, ellenlange E-Mails zu schreiben. Außerdem ist es doch so, dass sogar die Bundeskanzlerin oder der Papst freie Zeit zur Verfügung haben für private Dinge. Dann ist das in einem »normalen« Job schon zehnmal so. Es ist immer eine Frage der Priorität: Wenn ich jemanden wirklich treffen möchte, dann schaffe ich es auch, mir die Zeit dafür frei zu schaufeln. Sollte übrigens der Flirtpartner ständig die Arbeit vorschieben, warum ein privates Treffen wieder nicht klappt, dann könnte das ein nicht unwichtiger Hinweis darauf sein, dass der Job in seinem Leben stets den höchsten Stellenwert hat und das Private hintenanstehen muss. Das muss man dann für sich selbst entscheiden, ob man damit leben kann bzw. möchte.

Ich war eine ganze Zeit lang sehr tolerant Männern gegenüber, die immer wieder die Arbeit vorgeschoben haben, wenn sie ein Treffen abgesagt oder verschoben haben. Einerseits aus dem Grund, weil mir selbst mein Job auch sehr wichtig ist, andererseits, weil ich es wichtig finde, dass mein Partner einen Beruf hat, der ihn ausfüllt. Aber nachdem ich darüber gründlich nachgedacht habe, wurde mir klar, dass ich der Arbeit keinen Vorrang geben würde, wenn es um ein Treffen mit einem Mann geht, an dem ich wirklich interessiert bin. Und ich das eben andersherum auch erwarte.

*Ich habe die Grippe«:* Klar, krank werden kann jeder. Sollte es bei einem bestimmten Mann aber wirklich jedes Mal der Fall sein, dass er kurz, bevor das erste Date ansteht, ein körperliches Gebrechen bekommt, dann liegt der Verdacht nahe, dass das vorgeschoben ist. Oder der Arme wirklich ein sehr schlechtes Immunsystem hat … Dann hat man immer noch die Möglichkeit, ihm anzubieten, Hühnersuppe vorbeizubringen – und die Reaktion darauf abzuwarten.

*»Mein bester Freund hat Liebeskummer«:* Der Mann, mit dem man seit Tagen virtuell flirtet, entpuppt sich als guter Freund, der seine Kumpels nicht hängenlässt? An sich eine gute Sache! Aber wenn das ausgerechnet in der einen Stunde sein muss, in der das erste Kennenlernen mit seiner potentiellen Freundin ansteht, dann darf frau sich schon mal Gedanken über die Prioritäten machen.

*»Meine Familie ist gerade für ein paar Tage zu Besuch«:* Diese Ausrede wird ganz gerne genutzt, um sich noch ein paar Tage Bedenkzeit zu verschaffen und gleichzeitig als familiärer Typ zu gelten.

*»Die nächsten zwei Wochen bin ich wahnsinnig verplant«:* Klar will man so wirken, als hätte man einen riesigen Freundeskreis und wahnsinnig viel zu tun. Ist man aber ernsthaft an einer Frau interessiert, dann nimmt man sich Zeit für ein baldiges Treffen.

*Todesfall:* Ganz ehrlich, wer einem anstehenden Date aus dem Weg geht, indem er vorgibt, jemand aus der Verwandtschaft sei gestorben, der ist nicht nur feige, sondern auch ganz schön geschmacklos. In dem Fall ist es hier besser, dass das Date erst gar nicht zustande kommt, denn welche Frau möchte schon einen derart abgebrühten Lügner an ihrer Seite haben?

Dass es wirklich Kerle gibt, die zu solch makabren Ausreden greifen, kann meine alte Schulfreundin Jenny bestätigen. Sie hat auf einer Party einen Mann kennengelernt, sie haben Nummern ausgetauscht und ein paar Tage regelmäßig telefoniert. Irgendwann drängte Jenny auf ein Date, wurde ja schließlich auch Zeit. Nachdem der Typ die ersten Versuche schon mit fadenscheinigen Ausreden abgewehrt hatte, sagte er schließlich zu. Nur, um ein paar Stunden vor dem Treffen eine SMS zu schreiben, in der stand, seine Mutter hätte einen

Autounfall gehabt und sei verstorben. Ein paar Tage später traf ein gemeinsamer Bekannter der beiden besagten Kerl mit dessen Mutter im Supermarkt – sie erfreute sich bester Gesundheit. Dass ein erwachsener Mann zu derart makabren Ausflüchten fähig ist, nur, weil er keine Lust auf ein Date hat und leider nicht die nötigen Eier, das offen und ehrlich zu sagen, macht einen dann doch fassungslos.

# 2. Das erste Date

## Wo treffen?

Wo man sich trifft, ist doch egal, Hauptsache, man ist zusammen? Klingt schön, ist aber leider nicht ganz richtig. Es ist nämlich keineswegs schnuppe, wo ein erstes Date stattfindet. Fakt ist, die ersten Stunden, die man gemeinsam verbringt und sich kennenlernt, entscheiden, ob es zu einem nächsten Treffen und somit eventuell zu einer gemeinsamen Zukunft kommt oder ob sich die Wege wieder trennen. Von daher ist es nur legitim, sich über den Ort des ersten Dates ein paar Gedanken zu machen. Fakt ist: Das erste Kennenlernen kann an manchen Locations herrlich unkompliziert ablaufen, während andere es dem jungen Glück unnötig schwermachen.

Es gibt Klassiker für erste Dates, die niemals aus der Mode kommen, ganz einfach, weil sie funktionieren. Es gibt Orte, die können ein erstes Treffen zu etwas ganz Besonderem machen, allein schon deshalb, weil sie zeigen, dass sich jemand Gedanken darüber gemacht hat. Und es gibt Orte, die sind geradezu prädestiniert dazu, ein Date zu vermasseln.

*Das Kino:* Die Erinnerung an das allererste Date meines Lebens treibt mir heute noch die Schamesröte ins Gesicht. Ich war 14, verknallt in meinen Klassenkameraden Christoph und wollte unbedingt ein Date mit ihm. Koste es, was es wolle. Dumm nur, dass Mädchen mit 14 schon etwas weiter sind als Jungs (*Bravo Girl* sei Dank) und der arme Christoph gar nicht verstand, was es denn bringen sollte, dass wir uns zu zweit treffen. Aber ich war hartnäckig, wie es nur verknallte pubertierende Mädchen sein können, und überredete ihn, mit mir ins Kino zu gehen. An einem Nachmittag unter der Woche. Großer Fehler, denn da saßen wir als Einzige im schäbigen und einzigen Kino des durchaus überschaubaren Ortes, in den meine Eltern nach meiner Geburt von München aus gezogen waren, wagten es kaum, miteinander zu reden (was wir ja mangels genervter Mitgucker hätten tun können), und fühlten uns beide unwohl. Für die Dinge, die man als Erwachsener in einem leeren Kino anstellen könnte, waren wir zu jung, und so war das Ganze einfach nur eine peinliche, unangenehme Situation. Dass aus uns beiden keine Teenieliebe wurde, versteht sich von selbst, aber eines hat mir dieses Date-Desaster gebracht: Ins Kino würde ich bei einem allerersten Date nie wieder gehen.

Bei einem zweiten oder dritten Treffen ist es keine schlechte Idee, da kennt man sich schon ein bisschen besser, und für erste zarte Annäherungsversuche ist das gute, alte Kino immer noch super. Wie herrlich kitschig und gleichzeitig romantisch es ist, wenn sich die Finger ganz »zufällig« berühren, weil beide gleichzeitig nach der Cola greifen. Oder der Arm des Mannes scheinbar wie zufällig über die Armlehne wandert und schließlich auf den eigenen Schultern landet. Ich mache das heute immer noch gerne, weil es so herrlich unschuldige und irgendwie auch altmodische Annäherungsversuche sind, die dort stattfinden. Als ich neu nach Berlin gezogen bin, war ich mit Marius aus, den ich wirklich süß fand. Ich konnte allerdings nicht sicher sagen, wie es bei ihm aussah, und daher schlug ich zum dritten Treffen das Kino vor, um zu sehen, ob er einen Move machen würde oder nicht. Nachdem er dort das ganze Programm abspulte, also von Finger unauffällig berühren bis Arm über die Schulter legen und küssen, wusste ich, woran ich bin.

Bei einem ersten Date geht es allerdings darum, sich kennenzulernen, und dafür ist Miteinanderreden eine gute Idee. Neben einer völlig fremden Person dicht an dicht in einem dunklen Kinosaal zu sitzen ist daher meist eher unangenehm als prickelnd.

*Die Stammkneipe:* Glücklich ist jeder, der eine Stammkneipe hat. Eine Bar, in die du zur Not auch mal alleine gehen kannst, weil du eh jemanden triffst, den du kennst. Wo dir der Barkeeper ungefragt das Lieblingsgetränk auf den Tisch stellt und du auch mal anschreiben kannst, wenn du gerade nicht genügend Geld dabeihast. Kurz und gut, eine Stammkneipe an sich ist super – aber nicht gut für ein erstes Date geeignet. Man trifft dort – wie bereits erwähnt – so gut wie immer jemanden, den man kennt. Und es kann das erste vorsichtige Kennenlernen durchaus stören, wenn alle naselang jemand am Tisch stehen bleibt, um kurz hallo zu sagen. Und dabei bleibt es in der Regel nicht, denn die meisten Bekannten sind schon durchaus interessiert daran, wer denn der fesche Kerl ist, den man da im Schlepptau hat.

Gerade am Anfang, wenn noch nichts in trockenen Tüchern ist, möchte man vielleicht nicht, dass Hinz und Kunz darüber Bescheid wissen. In der eigenen Stammkneipe ist Diskretion eher ein Fremdwort. Als ich noch in der Kleinstadt gewohnt habe, habe ich diesen Fehler auch regelmäßig begangen. Ganz einfach deswegen, weil meine Stammkneipe die einzig coole Location weit und breit war. Die Folge war, dass wirklich jeder in der Stadt über jedes Date Bescheid wusste und wahnsinnig viel getratscht wurde. Jetzt in der Großstadt habe ich die freie Kneipenwahl, und das nutze ich auch aus.

*Das Schwimmbad/die Sauna/die Wellness-Einrichtung:* Wenn das erste Date gut läuft, wird man sich wahrscheinlich bald näherkommen, und die Hüllen werden fallen. Bei Treffen Nummer eins muss das aber keineswegs gleich sein. Sprich, wer für das erste Treffen das Schwimmbad oder gar die Sauna wählt, der muss entweder hundertprozentig von sich und seiner Figur überzeugt sein oder einfach die Einstellung haben: »Wer mich so nicht gut findet, wie ich bin, der hat mich nicht verdient.« Dem stimme ich absolut zu, dennoch finde ich persönlich es schwierig, den potentiellen Mann meiner Träume in Badehose und Bikini kennenzulernen.

Zunächst einmal ist es nämlich ein fremder Kerl, mit dem ich mir zu diesem Zeitpunkt bestenfalls in meiner Fantasie vorstellen kann, dass wir uns gegenseitig die Kleider vom Leib reißen. In der Praxis kommt vor dem Entblättern erst einmal das Gespräch, und das funktioniert in meinen Augen besser, wenn beide angezogen sind. Und ganz ehrlich, wer kann sich denn an einem Ort, an dem man gezwungen ist, viel nackte Haut zu zeigen, überhaupt auf sein Gegenüber konzentrieren? Man muss ständig darauf achten, den Bauch einzuziehen und sich nur von der Schokoladenseite zu präsentieren. Ernsthafte Gespräche sind somit kaum möglich. Oder man ist die ganze Zeit so damit beschäftigt, den knackigen Mann in Badehose zu bewundern, dass man gar nicht mitbekommt, was er so Spannendes von sich erzählt. Daher lautet mein Motto: Angezogen kennenlernen, danach entscheiden, ob und wie schnell die Hüllen fallen. Unabhängig davon finde ich wenige Orte so unsexy wie ein Schwimmbad und möchte auch nicht zu diesen Paaren gehören, die im Wasser aneinanderkleben und sich die ganze Zeit abschlecken.

Schließt man diese ungeeigneten Orte aus, kann man bei der Wahl der Date-Location eigentlich nicht viel falsch machen. Es hängt schließlich komplett von den Vorlieben der Vielleicht-bald-Paare ab. Manche mögen es romantisch, andere actionreich oder ausgeflippt. Wichtig ist, dass man sich an dem Ort wohlfühlt und sich so absolut auf sein Date konzentrieren kann.

### Geeignete Date-Locations

Auch, wenn es etwas streberhaft wirkt, kann es nicht schaden, die Date-Location, die man vorschlägt, erst einmal alleine zu besichtigen – sofern man sie noch nicht kennt. So kann man vermeiden, dass sich die vermeintlich coole Kneipe in der Realität als versnobter Hipster-Treff oder andersherum als abrissreife Spelunke entpuppt. Es baut einfach Nervosität ab, wenn einem der Ort des ersten Treffens ein wenig vertraut ist. Zumindest ging es mir oft so. Diejenigen, die von Natur aus zur entspannten Fraktion gehören, können darauf selbstverständlich verzichten. Es kann nämlich auch das Eis brechen, wenn man hinsichtlich der Location auf die Nase fällt und somit gleich mal etwas zu lachen hat. Zum Beispiel, wenn sich die vermeintliche Szene-Bar als Fetischclub entpuppt ... Das ist einer alten Schulfreundin tatsächlich mal passiert, und nach dem ersten Schock und einem kurzen peinlich berührten Schweigen konnten die beiden überhaupt nicht mehr aufhören zu lachen. Dieser kleine Fauxpas hat sie zusammengeschweißt, und sie hatten als glückliches Paar immer eine witzige Kennenlern-Anekdote zu erzählen. Folgende Locations haben sich schon unzählige Male als geeignete Date-Locations bewährt, und wer sich dort trifft, kann zumindest bezüglich der Wahl des Ortes wenig falsch machen:

*Das Café/die Bar:* Zugegeben, der Vorschlag, sich beim ersten Date in einem Café oder wahlweise in einer Bar zu treffen, wird keinen Kreativitätspreis erhalten. Dennoch ist es keine schlechte Idee. Es ist neutraler Boden (sofern es eben nicht die Stammkneipe ist!), und man kann sich dort ganz entspannt bei einem Milchkaffee oder einem Glas Wein kennenlernen. Zweitens sagt die Wahl der Lokalität einiges über die Person aus, über die man gerade mehr erfahren möchte.

Ich treffe mich mittlerweile lieber tagsüber in einem schönen Café als abends in einer angesagten Bar. Einfach aus dem Grund, weil es sinnvoller ist, den potentiellen Romeo nüchtern kennenzulernen, als ihn nach drei Drinks zu viel mit nach Hause zu nehmen und sich am nächsten Tag darüber zu ärgern. Wer aber das eine oder andere alkoholische Getränk braucht, um etwas lockerer zu werden, für den ist natürlich die Kneipe oder die Bar die bessere Wahl.

*Das Restaurant:* Keine Frage, die meisten Frauen lassen sich beim ersten Date gern zum Essen ausführen. Auch hier zeigt die Wahl des Lokals, ob man geschmackstechnisch auf einen Nenner kommt. Für mich ein weiterer Vorteil: Geht man beim ersten Date gemeinsam essen, dann wird schnell deutlich, ob der potentielle Partner über Manieren verfügt. Einmal natürlich über Tischmanieren, denn wenn ich eines absolut unsexy finde, ist es ein Kerl, der schmatzt und nicht mit Messer und Gabel umgehen kann. Zudem kann sich ein Mann bei mir sofort disqualifizieren, wenn er mit dem Servicepersonal arrogant oder unhöflich umspringt.

Meine Freundin Lina hat es beispielsweise wochenlang geschafft, einen Mann zu daten, ohne ihn dabei jemals essen zu sehen. Nach geschlagenen drei Monaten sind die beiden dann doch mal im Restaurant gelandet. Was zur Folge hatte, dass sie mich mitten in der Nacht völlig hysterisch anrief, um mir zu sagen, dass sie sich von dem Mann unbedingt trennen müsse. So schön die letzten Wochen auch gewesen seien, der Kerl würde essen wie ein Schwein. Mit dem könne sie keine ernsthafte Beziehung führen. Sie hätte sich meiner Meinung nach einiges ersparen können, hätte eines ihrer ersten Dates beim Essen stattgefunden.

Ein Nachteil am Restaurant-Date: Wenn man selbst nervös ist, dann wird die Nahrungsaufnahme an sich auch gern mal zum Spießrutenlauf. Lösung: Etwas bestellen, das einfach zu essen ist. Also Finger weg von Spaghetti oder klebrigen Chicken Wings.

*Der Biergarten/die Strandbar:* Für ein Sommer-Date eignen sich coole Outdoor-Locations mit entspannter Atmosphäre. Einfach schön in der Sonne sitzen, ein kühles Bier oder einen Eiskaffee genießen und dem bunten Treiben zusehen. Lockerer kann ein erstes Treffen kaum ablaufen. Gemeinsam die anderen Leute zu beobachten sorgt oft schon für lockere Gesprächsthemen, und so ein Biergartenbesuch oder ein Abend im Beach-Club fühlt sich schnell wie ein Kurzurlaub, wie eine Flucht aus dem Alltag an. Zudem ist in guten Beach-Clubs die Stimmung generell schon sehr flirty, davon kann man sich leicht mitreißen lassen.

*Ein individuelles Event:* Generell gilt: Je individueller ein erstes Date ist, umso besser. Auch wenn sich Bar, Restaurant oder Biergarten durchaus eignen, kann man nur gewinnen, wenn man sich über die Date-Location richtig viele Gedanken macht. Wer in der Kommunikation zuvor schon herausgefunden hat, dass der andere eine bestimmte Band gut findet, und zufällig gerade ein Konzert in der Nähe stattfindet, dann ist es eine schöne Geste, dafür Karten zu besorgen. Oder beide sind Fußballfans, dann darf das erste Date auch bei Bier und Bratwurst im Stadion stattfinden. Sind beide begeisterte Radsportler, dann ist es eine schöne Idee, beim ersten Treffen eine ausgiebige Radtour zu machen, die vielleicht mit einem Picknick endet. Bei mir sammelt ein Mann auf jeden Fall bereits viele Pluspunkte damit, dass er sich die Mühe macht, ein Date zu organisieren, mit dem er mir eine große Freude macht. Einfach, weil es zeigt, dass man mehr wert ist als das schon häufig abgespulte Standardprogramm. Außerdem erinnert man sich auch später an solch besondere Dates immer wieder gern.

Lustigerweise kann es aber auch eine ganz unspektakuläre Date-Location sein, an der das Date stattgefunden hat, an das man sich immer gerne erinnert. Mit meinem Ex Tom habe ich an einem Montagvormittag vor einer Kaffeebar an einem Biertisch gesessen, wir haben Latte macchiato getrunken und die Oktobersonne genossen. Definitiv kein Beispiel für ein ausgefallenes Date, aber für mich war es das schönste erste Date, das ich bisher hatte. Einfach, weil der Mann zu diesem Zeitpunkt der perfekte Mann für ein erstes Date war. Was das Ganze im Nachhinein leider etwas abgewertet hat, war die Tatsache, dass ich ihn ein paar Wochen nach unserer Trennung mit einer anderen Frau vor eben genau dieser Kaffeebar an genau demselben Tisch habe sitzen sehen. Für ihn scheint es einfach seine bevorzugte Date-Location zu sein. Nicht sonderlich innovativ, aber unabhängig davon vergesse ich das schöne Gefühl nicht, das ich an diesem sonnigen Oktobertag gespürt habe.

## Date-Vorbereitungen:
## Der »perfekte Look«

Ich bewundere Frauen, die kurz vor dem langersehnten ersten Date mit einem absoluten Hammertypen stehen und so entspannt sind wie nach einer Woche Detox-Urlaub. Erfahrungsgemäß sind das aber die wenigsten, die meisten Ladys fühlen sich eher wie vor der Abiprüfung oder einer wichtigen Präsentation. Sich komplett in ein erstes Date reinzusteigern ist natürlich keine gute Idee und auch völlig überflüssig. Ein bisschen nervöses Bauchkribbeln darf sein – und wenn wir ehrlich sind, machen es doch genau diese flattrigen Schmetterlinge im Bauch auch so schön …

Vor allem diejenigen, die schon länger Single sind und endlich mal wieder ein Date haben, wollen natürlich alles »richtig machen« und sich von der besten Seite präsentieren. Das ist menschlich, und dagegen ist auch nichts zu sagen. Solange man sich nicht zu sehr darauf versteift, das perfekte Date planen zu wollen. Zu einem Date gehören zwei, das heißt, ich kann vorher gar nicht alles 100-prozentig planen, sondern bin gezwungen, mich auf die Sache einzulassen und einiges auf mich zukommen zu lassen. Wer vorher zu viel plant, riskiert immer, dass etwas anders läuft als vorgesehen. Ein Date ist kein Vorstellungsgespräch, hier geht es doch um das Herz und nicht um den Erfolg. Ein bisschen Vorbereitung ist okay (z. B. der Ort, das Outfit), aber das Spontane und der Genuss sollten nicht völlig plattgeplant werden.

Eines lässt sich nicht abstreiten: Das Zusammenstellen des perfekten Outfits ist für die Singlefrau eine wichtige Sache. Einfach etwas aus dem Kleiderschrank ziehen, reinschlüpfen und los geht's? Wohl kaum! Haare, Make-up, Klamotten – jeder einzelne Punkt wird gut durchdacht. Und zwar so, dass es am Ende so aussieht, als sei es nicht durchdacht gewesen. Ich bin in dieser Sache relativ untypisch für eine Frau, ich stand noch nie länger als fünf Minuten vor dem Kleiderschrank. Was aber natürlich noch lange nicht heißt, dass mir ein gelungener Look beim ersten Date nicht auch wichtig ist.

Weltweit gesehen scheinen diesbezüglich die Französinnen die wahren Meisterinnen zu sein, denn die schaffen es, stets perfekt gestylt zu sein, ohne dass das zu gewollt aussieht. Kein Wunder, dass Frauen aus aller Herren Länder aussehen wollen wie Französinnen und die Männer diese unbedingt daten wollen. Da jetzt aber schlecht jede Singlefrau aus Deutschland kurz vor dem ersten Date einen Crashkurs im Styling à la Parisienne absolvieren kann, gibt es hier ein paar Tipps, wie der perfekte Dating-Look aussehen könnte.

### Das Outfit

Der wichtigste Punkt bei der Auswahl der Klamotten lautet: Die Trägerin muss sich darin wohlfühlen! Bevor jetzt das Schlabbershirt und die Joggingbuxe zum Einsatz kommen: So ist es natürlich nicht gemeint! Der perfekte Wohlfühl-Look für ein Date unterscheidet sich natürlich schon vom Wohlfühl-Look für die nächste Couch-Session. In welchem Outfit eine Frau sich wohl fühlt, ist natürlich individuell verschieden. Manche mögen es eher sportlich, mit Jeans und Sneakers. Dagegen ist bei einem ersten Date auch nichts einzuwenden (es sei denn, es geht in ein schickes Restaurant oder in die Oper), denn wer generell ein eher sportlich-legerer Typ ist, sollte sich für einen Mann nicht verkleiden. Andere Frauen fühlen sich bei einem solchen Anlass wohler, wenn sie ein schönes Kleid tragen und etwas mehr Haut zeigen. Sofern das ihrem Typ entspricht, perfekt. Der Schlüssel liegt also darin, seinen eigenen Stil zu unterstreichen und das Beste aus sich herauszuholen. Mein bevorzugtes Outfit für ein erstes Date ist eine schwarze Leder-Leggins, ein schlichtes Shirt und mein schwarzer Blazer. Ich fühle mich darin wohl und finde, es ist die perfekte Mischung aus sexy und trotzdem schlicht.

Wählt man nun extra für das Date einen komplett ungewohnten Look, fühlt man sich automatisch ein bisschen nach Fasching – und dieses Unwohlsein strahlt man dann auch aus. Ständig wird an etwas herumgezupft oder der Bauch eingezogen – sexy geht anders. Männer stehen auf Frauen, die sich rundum wohl in ihrer Haut fühlen und Selbstbewusstsein ausstrahlen. Und das gelingt nun mal am besten in einem typgerechten Look. Wenn auch, wie bereits erwähnt, jede Frau ihren ganz eigenen Stil hat und ihre Kleiderwahl für das erste Date individuell danach richtet, kommen hier trotzdem ein paar Vorschläge für verschiedene Looks:

*Sportlich-leger:* Jeans, Sneakers, Shirt oder schlichtes Top – Frauen, die auch im »wahren Leben« eher sportlich unterwegs sind, fühlen sich in einer derartigen Kombination beim ersten Date am wohlsten. Einzige Ausnahme: Der Anlass erfordert eine elegantere Kleiderwahl. Ansonsten kann aus einer gut geschnittenen Jeans, einem schönen Shirt und einem lässigen Blazer durchaus ein perfektes Date-Outfit zusammengestellt werden. Wer dem Ganzen eine etwas elegantere Note geben möchte, verzichtet auf die Sneakers und trägt stattdessen Pumps oder Ballerinas. Ein schlichtes Outfit kann man ganz leicht durch schöne Accessoires, einen intensiven Lippenstift oder Nagellack in einer Signalfarbe aufwerten, wenn man mag.

*Weiblich-sexy:* Ja, Männer gucken gern und finden es gut, wenn eine Frau Haut zeigt. Entspricht das dem Typ der Frau, kann das auch durchaus nicht schaden, um ihm beim ersten Kennenlernen ein bisschen Appetit zu machen. Bei einem derartigen Look ist es allerdings wichtig, auf die richtige Dosierung zu achten. Die Faustregel lautet: Entweder Dekolleté oder Bein zeigen, beides zusammen wirkt leider schnell etwas billig. Wer also ein kurzes Kleid trägt, sollte darauf achten, dass es nicht zu weit ausgeschnitten ist. Im Gegenzug empfiehlt sich zu einem tiefdekolletierten Oberteil eine schlichte, lange Hose oder ein längerer Rock. Auch wenn es ein bisschen spießig klingt, bei einem ersten Date ist weniger mehr, es sei denn, man möchte bewirken, dass sich der arme Kerl vor lauter Gucken überhaupt nicht auf das Gespräch konzentrieren kann …

*Romantisch-süß:* Laut diversen Umfragen werden viele Männer bei einem mädchenhaften Look schwach – eine Frau, die das Prädikat »süß« verdient, weckt Beschützerinstinkte. Aber auch hier gilt: Weniger ist mehr, denn übertreibt frau mit dem romantischen Look, läuft sie Gefahr, am Ende nicht mehr ernst genommen zu werden. Zu einem romantischen Kleid passt beispielsweise besonders gut eine schlichte Jeansjacke oder, wer es ein bisschen rockiger mag, eine Lederjacke. Frauen, die sich gern mit Romantik-Accessoires wie großen Statement-Ketten oder Haarbändern schmücken, sollten darauf achten, ein eher schlichtes Outfit dazu zu tragen, denn sonst wird man schnell zum Modell »geschmückter Weihnachtsbaum«. Generell sollte der Look nicht zu girliemäßig sein, schließlich ist man ja eine erwachsene Frau – und möchte auch als solche wahrgenommen werden.

*Elegant:* Ob Kleid in A-Linie, Bleistiftrock oder Hosenanzug, manche Frauen bevorzugen den eleganten Business-Look zu jeder Gelegenheit. Klar kann frau auch bei einem ersten Date wie aus dem Ei gepellt erscheinen, wenn das nun mal ihrem Naturell entspricht. Dennoch sollte sie darauf achten, nicht so zu wirken, als ginge es zu einem Vorstellungsgespräch. Das könnte den Mann dann doch etwas einschüchtern. Letztendlich sollte es bei einem Date doch lockerer zugehen als bei einem Businesstermin, daher schadet es nicht, den Look durch verschiedene Accessoires etwas aufzulockern.

Zur Erinnerung hier noch einmal die größten Fashion-Sünden beim ersten Date:

*Nur eine von vielen:* Beim ersten Kennenlernen geht es darum, den potentiellen Partner von sich zu überzeugen. Wer daher einfach in irgendein Outfit schlüpft, das er vielleicht in einer Modezeitschrift schön fand, unterstreicht damit nicht den eigenen Typ – und betont damit auch nicht die Schokoladenseiten. Es geht um Individualität, sowohl was den Charakter als auch was die Optik angeht. Nicht nur in Sachen Dating ist Mode die perfekte Möglichkeit, auszudrücken, wer ich bin. Und auch meine aktuelle Stimmung spiegelt sich in dem wider, was ich trage. Das wäre doch schade, das nicht bei der Partnersuche einzusetzen, oder?

*Nachlässig statt lässig:* Wie bereits betont, wer sich generell eher casual und leger kleidet, sollte das auch beim ersten Date tun. Eines darf der Look aber nicht sein: nachlässig! Also bitte keine Löcher dort, wo keine hingehören, und frisch gewaschen sollten die Klamotten auch sein. Ebenso wie es doch selbstverständlich sein sollte, vor einem Date zu duschen, sich die Haare zu waschen und einen schönen Duft aufzulegen. Ich finde das Beauty-Ritual vor einem Date wahnsinnig entspannend – und gleichzeitig steigert es die Vorfreude. Umso abtörnender finde ich es, wenn sich der Mann absolut keine

Mühe mit seinem Outfit gegeben hat oder – noch schlimmer – ungepflegt wirkt. Das ist für mich leider ein absolutes No-Go in Sachen erstes Date.

*Zu experimentierfreudig:* Klar, die meisten Frauen probieren leidenschaftlich gerne neue Looks aus – und dagegen ist ja auch nichts zu sagen. Vor dem ersten Date sollte man zu große Experimente aber besser bleibenlassen. Wer sich nämlich da mit Lockenstab, Wimpernfärben oder gar Selbstbräuner übernimmt, läuft Gefahr, am Ende wie ein Clown auszusehen. Unvergessen meine Freundin Sina, die ausgerechnet vor einem wichtigen Date das erste Mal in ihrem Leben mit Selbstbräuner hantierte. Das Ergebnis erinnerte schwer an eine Giraffe – und sorgte dafür, dass sie das Treffen schweren Herzens verschob.

*Etwas sein wollen, das man nicht ist:* Ich gebe zu, ich kann nicht auf hohen Absätzen laufen. Nachdem ich aber weiß, dass ein Großteil der Männer das unheimlich sexy findet, habe ich schon mal den Fehler begangen, mich für ein Date in High Heels zu quetschen. Das Ganze wurde leider zur Lachnummer, denn ich ging zunächst nüchtern wie ein betrunkener Matrose und am Ende nur noch barfuß. Es ist also immer wichtig, seinem Typ treu zu bleiben und nicht plötzlich vom sportlichen Typ Frau zur Femme fatale mutieren zu wollen.

*Am Thema vorbei:* Bei der Wahl des Outfits spielt natürlich auch immer die Art des Dates eine Rolle. Wer sich in einer urigen Kneipe mit seinem Date trifft, wird sich im eleganten Business-Look vielleicht etwas overdressed fühlen. Im Gegenzug ist es auch nicht angebracht, zu einem Dinner im Sternerestaurant in Jeans und Turnschuhen zu erscheinen.

Auch was das Schminken angeht, ist es wichtig, sich nicht zu verkleiden. Sprich: Wer im wahren Leben eher auf Natürlichkeit setzt, sollte für das Date nicht plötzlich zu tief in den Farbtopf greifen. Generell erinnert ein übertriebenes Makeup schnell an eine Maske – und laut verschiedener Umfragen kommt das bei den wenigsten Männern gut an. Es geht eher darum, mit Hilfe von gekonnten Schminktricks die natürliche Schönheit zu unterstreichen und sich nicht anzumalen wie ein Clown. Wer also seine Augen als optischen Pluspunkt empfindet, der kann diese mit Eyeliner, Kajal oder Lidschatten schön in Szene setzen. Wer einen hübschen Mund hat, kann diesen mit Lippenstift oder ein bisschen Gloss betonen. Wichtig: am besten nur eine von beiden Partien stärker schminken, denn sonst wird es schnell zu viel.

Weniger ist mehr gilt übrigens auch in Sachen Duft. Neben Deo sein Lieblingsparfum zu verwenden ist völlig okay, allerdings sollte man sich nicht komplett einnebeln. Es geht schließlich darum, herauszufinden, ob man sein Gegenüber »gut riechen« kann. Riecht ER nur tonnenweise Parfum, dürfte das sehr schwer möglich sein. Was den Lippenstift bzw. den Gloss angeht, gilt es auch zu beachten, dass das die Sache mit dem Abschiedskuss etwas erschweren kann. Ich persönlich verzichte darauf, mir die Lippen anzupinseln, allein aus dem Grund, dass das Zeug bei mir im Laufe des Abends überall klebt, nur nicht mehr an meinen Lippen. Und ständig aufs Klo zu rennen, um den Lippenstift nachzuziehen, ist mir persönlich zu anstrengend.

Zum Thema Haare lässt sich nicht mehr sagen als: Erlaubt ist, was gefällt. Solange die Haare frisch gewaschen sind und gut duften, sollte frau die Frisur wählen, mit der sie sich am wohlsten fühlt.

Eine Umfrage der Online-Partnervermittlung Parship (Stand April 2015) belegt übrigens, dass die meisten Singles den Look »leger und natürlich« beim ersten Date bevorzugen. Die Umfrage unter 2000 Singles ergab, dass sowohl Männer als auch Frauen es in puncto Outfit lieber schlicht mögen – sowohl bei sich selbst als auch bei ihrem Gegenüber.

Aber ob schlicht oder aufgebrezelt, ein Trick, den sämtliche Frauenzeitschriften schon seit Jahrzehnten predigen, gibt wirklich ein besseres Körpergefühl und somit eine sexy Ausstrahlung: schöne Dessous darunter zu tragen. Selbst, wenn man in Jeans und Shirt auf das Date geht, sorgt ein Hauch von Spitze drunter dafür, dass frau sich sexy und verrucht fühlt. Ich habe das immer für total übertrieben gehalten, aber seitdem ich es getestet habe, kann ich nur sagen: Es funktioniert! Heute ist es so, dass ich nicht nur bei Dates, sondern generell, wenn ich mich besser fühlen möchte, darauf zurückgreife. Kaum zu glauben, was so ein bisschen Stoff bewirken kann …

## Der »Erstes-Date-Knigge«

Erste und wichtigste »Regel« für ein erstes Date: Es gibt keine Regeln! Es geht darum, Spaß zu haben, gemeinsam eine gute Zeit zu erleben und, wenn alles gutgeht, sich Hals über Kopf zu verlieben. Wir sind hier schließlich nicht bei einem Vorstellungsgespräch oder einem furchtbar wichtigen Meeting. Dennoch gibt es ein paar Dinge, die helfen können, dass das erste Date unvergesslich und ein voller Erfolg wird. Zumindest, wenn man möchte, dass weitere Treffen folgen. Ebenso, wie es in allen Bereichen der zwischenmenschlichen Interaktion gewisse Leitlinien gibt, ist das in Sachen Liebe auch nicht anders.

*Pünktlichkeit ist eine Zier:* Unpünktlich zu sein ist ein Zeichen von Respektlosigkeit. Wer also zum Date (ohne vorher kurz Bescheid zu sagen und sich zu entschuldigen) zu spät kommt, vermittelt dem anderen, dass ihm dieses Treffen nicht sonderlich wichtig ist. Jeder, der schon mal am vereinbarten Treffpunkt auf sein Date gewartet hat, weiß, wie dumm man sich dabei vorkommt. Man ist eh schon nervös, und wie bestellt und nicht abgeholt in der Gegend herumzustehen macht das nicht unbedingt besser.

Um zu verhindern, seiner Verabredung das anzutun, lieber ein paar Minuten früher starten. Und sollte doch etwas Unvorhergesehenes eintreten, dann gibt es immer noch ein Handy, um kurz Bescheid zu geben. Ich bin übrigens das Gegenteil vom unpünktlichen Menschen, sprich, ich bin überpünktlich. Immer und überall. Das hat dann zur Folge, dass man zu früh am Treffpunkt steht, sich in große Nervosität hineinsteigert und sich in Geduld üben muss. Auch nicht besonders schön. Ich würde Frauen raten: Fünf Minuten drüber (aber auch nicht mehr!) sind perfekt.

*Volle Aufmerksamkeit:* Selbst, wenn man bereits nach ein paar Minuten feststellt, dass es keine Wiederholung geben wird, weil man den Mann in etwa so aufregend findet wie seinen Steuerberater, gebietet es die Höflichkeit, ihm zuzuhören und ihm seine Aufmerksamkeit zu schenken. Gefällt einem sein Gegenüber, dann ist es natürlich umso wichtiger, ihm zuzuhören, schließlich möchte man möglichst viel über ihn erfahren. Das impliziert, nicht stundenlang von sich selbst zu erzählen, sondern auch mal Fragen zu stellen. Das ist eine Sache, die ich früher in schöner Regelmäßigkeit falsch gemacht habe. Ich rede generell gern und viel – und wenn ich aufgeregt bin, dann noch mehr. Ich glaube, ich habe bei einigen Männern das aufkeimende Interesse totgequatscht. So schaffe ich es ohne Probleme, über unverfängliche Themen wie beispielsweise Reisen einen gefühlt ewigen Monolog zu halten, ohne dabei auch nur einmal Luft zu holen. Oder einen Schluck von meinem Wein zu trinken. Aber, hey, aus Fehlern lernt man, heute bin ich in der Regel eine gute Zuhörerin.

*Die Kunst, Komplimente zu machen:* Über das eine oder andere Kompliment vom Flirtpartner freut sich wohl jeder. Allerdings ist hier Ehrlichkeit das oberste Gebot. Lobt ER ihr Megadekolleté, obwohl sie ein A-Körbchen ihr Eigen nennt, kommt das nicht gut an. Bewundert SIE an ihm seine angebliche Sportlichkeit, obwohl neben ihm ein Spargeltarzan durchtrainiert wirkt, ist das auch nicht besonders glaubwürdig. Auch was die Dosierung von Komplimenten angeht, sollte man etwas zurückhaltend sein. Dem Date etwas Nettes zu sagen ist schön und gut. Den anderen mit Lobpreisungen zu überhäufen kommt dagegen ziemlich schleimig rüber.

*Maß statt Mass (Bier):* Das eine oder andere alkoholische Getränk kann vielleicht die erste Nervosität bekämpfen und die Stimmung auflockern. Solange es dabei bleibt, ist dagegen auch nichts einzuwenden. Sich dagegen komplett wegzuschießen ist nicht nur peinlich, sondern auch kontraproduktiv. Erstens besteht die Gefahr, sich im Promillewahn vielleicht zu etwas hinreißen zu lassen, das man am nächsten Tag bereut (es heißt nicht umsonst »sich jemanden schöntrinken«). Zweitens wäre es doch schade, sich tags darauf an absolut nichts mehr erinnern zu können, was man über den anderen erfahren hat. Von peinlichen Ausfällen beim Date selbst mal gar nicht zu reden.

*Hier spielt die Musik:* Im Zeitalter der technischen Gadgets hat sich leider die Unart eingebürgert, ständig auf sein Smartphone zu starren. Ist man allein, ist das auch legitim, im Gespräch mit einer anderen Person geht das gar nicht. Noch weniger, wenn es sich um ein erstes Date handelt. Dem Gegenüber gebührt die volle Aufmerksamkeit, und wer ständig sein Handy checkt, wirkt unhöflich und völlig desinteressiert.

*Immer schön locker bleiben:* Klar, ein erstes Date ist wichtig, und man hat sich meist schon lange darauf gefreut. Trotzdem kein Grund, sich zu diesem Zeitpunkt schon von rosaroten Zukunftsfantasien leiten zu lassen. Schließlich kennt man die andere Person noch gar nicht. Also bitte nicht über Heiratswünsche, Kinderplanung etc. reden. Dass das den einen oder anderen Mann abschrecken könnte, ist nicht verwunderlich. Und diejenigen, die es absolut nicht abschreckt, sind auch mit Vorsicht zu genießen. Weitere Tabuthemen beim ersten Date sind Krankheit, Weltpolitik und Ex-Partner.

Die ersten beiden Beispiele erklären sich wohl von selbst. Natürlich bin ich nicht der Meinung, dass man generell im Leben die Augen vor negativen Dingen verschließen oder sie so weit wie möglich verdrängen sollte. Im Gegenteil, in einer festen Beziehung finde ich es wichtig, mit dem Mann an meiner Seite über alles sprechen zu können. Bei einem ersten Date geht es aber um etwas herrlich Leichtes, um ein unbeschwertes Kennenlernen. Driftet man in negative Themen ab, geht diese Leichtigkeit verloren. Das Thema Ex-Partner gilt in allen Ratgebern als absolutes No-Go für das erste Date – und das zu Recht! Man muss dem anderen zu diesem Zeitpunkt nicht die gesamte Vergangenheit inklusive verflossener Lover erzählen. Meiner Erfahrung nach finden das vor allem Männer ganz schrecklich und lassen sich von Frauen, die jeden dritten Satz mit »Also mein Ex …« beginnen, abschrecken. Kennt man sich besser, ist es ganz normal, dass auch die amourösen Geister der Vergangenheit mal auftauchen (zumindest in Erzählungen). Bei einem ersten Date sollen sie bitte in ihrer Versenkung bleiben.

## Small-Talk-Tipps

Ein Punkt, der die meisten Singles vor dem ersten Date in helle Aufregung versetzt, ist die Frage: »Oh Gott, worüber sollen wir nur reden??« Während es im letzten Punkt ja bereits um die absoluten No-Go-Gesprächsthemen beim ersten Date ging, bleibt die Frage nach den richtigen. Denn das Horrorszenario Nummer eins für viele Singles ist folgendes: Man sitzt sich in einem Restaurant gegenüber, starrt den anderen an, beide bringen kein Wort heraus, und es herrscht Stille. Keine angenehme Stille, sondern furchtbar unangenehme und peinliche Stille. Deshalb kann es nicht schaden, ein paar hilfreiche Tipps an der Hand zu haben, wie der erste Small Talk kein hilfloser Small Talk wird. So wird das erste richtige Gespräch entspannt, informativ und unterhaltsam. Also, tief durchatmen, sprechen haben wir doch alle schon vor einer ganzen Weile gelernt …

*Immer schön lächeln:* Keine Frage, es gibt keinen besseren Eisbrecher beim Kennenlerngespräch als eine offene, freundliche Mimik. So gewinnt man von Beginn an Sympathiepunkte, und die Unterhaltung beginnt gelöst und entspannt. Ganz egal, worüber man letzten Endes spricht, ein schönes und vor allem ehrlich gemeintes Lächeln ist der perfekte nonverbale Opener.

*Der perfekte Einstieg:* Los geht's am besten mit einer offenen Frage, denn antwortet der Gesprächspartner gleich nur mit »ja« oder »nein«, kann der Start ganz schön holprig werden. Und kaum etwas möchte man beim ersten Date mehr vermeiden als peinliche Stille. Ein gutes Hilfsmittel für nervöse Talker sind die W-Fragen (wer, was, wo, wie, warum). Dank solcher Fragen wird das Interesse am Gegenüber von Anfang an deutlich, und das Gespräch kommt in Gang. Jetzt geht es aber auch darum, gut zuzuhören. Klingt simpel, vergessen aber viele Singles aus Nervosität. Ebenso kontraproduktiv ist es übrigens, die W-Fragen nacheinander wie bei einem Verhör runterzurattern. Das dürfte dem anderen ziemliche Angst machen …

*Nicht zu indiskret werden:* Die Person, die einem gegenübersitzt, kennt man in der Regel noch nicht besonders gut. Daher sollte beim interessierten Nachfragen darauf geachtet werden, keine zu persönlichen Fragen zu stellen. Ich käme mir ganz schön überfahren vor, wenn der Mann, den ich erst seit ein paar Minuten besser kennenlerne, mich sofort über meine dunkelsten Geheimnisse oder mein Gehalt ausfragen würde.

*Geeignete Einstiegsthemen:* Damit man nicht von Anfang an zu sehr in die Tiefe geht (das kommt im besten Fall dann etwas später), eignen sich unverfängliche Themen wie Hobbys, Lieblingsreiseziele oder Vorlieben in Sachen Kino, Musik, Literatur. Bitte nicht vergessen, Small Talk heißt in etwa »leichte Konversation«, da haben schwerere oder komplexere Themen wie Krankheit, Religion, Politik und Finanzen erst einmal nichts verloren.

*Körpersprache:* Häufig unterschätzt, aber dennoch sehr wichtig sind unsere Gestik und Mimik beim ersten Beschnuppern. Es ist fast noch wichtiger, wie man etwas sagt, als was man sagt. Eine zugewandte, offene Körperhaltung und regelmäßiger Blickkontakt demonstrieren dem Gegenüber aufrichtiges Interesse. Zudem ist es ein Zeichen von Selbstsicherheit. (Mehr dazu im Unterkapitel »Eine Frage der Authentizität«.)

*Authentisch bleiben:* Ich finde, Authentizität ist das A und O eines gelungenen Dates. Es hilft keinem etwas, dem Date-Partner etwas vorzuspielen. Erstens möchte man die Person ja so kennenlernen, wie sie wirklich ist. Zweitens wird es auf Dauer ganz schön schwer, eine Rolle aufrechtzuerhalten. So zu tun, als sei man absoluter Fußballfan, nur um dem Mann zu imponieren, geht also meistens nach hinten los (spätestens dann, wenn man fragt, welche Mannschaft eigentlich Franz Beckenbauer trainiert).

*Übung macht den Talk-Meister:* Wie so ziemlich alles im Leben kann man Small Talk trainieren. Der Schlüssel liegt darin, einfach bei jeder Gelegenheit, die sich bietet, zu üben: im Supermarkt, beim Tanken, im Restaurant auf jede Gesprächsmöglichkeit eingehen und an seinen Small-Talk-Skills feilen. So verschwindet auf Dauer die Unsicherheit, und das kommt einem bei einem Date definitiv zugute.

## Eine Frage der Authentizität

Eine wichtige Frage bei einem ersten Date: Wie viel »Ich« gebe ich preis? Wann ist absolute Ehrlichkeit gefragt, und an welchen Stellen darf man auch ein bisschen schummeln?

Zunächst einmal: Authentisch sein heißt nicht, dem Mann, den man gerade erst kennenlernt, ALLES über sich zu verraten. Themen wie Ex-Freunde, Sexvorlieben, (vermeintliche) Schönheitsmakel, körperliche Wehwehchen usw. sind tabu. Erstens besteht die Gefahr, das Gegenüber zu überfordern oder abzuschrecken, und zweitens, was soll er denn noch kennenlernen, wenn er nach zwei Stunden eh schon alles weiß? Es klingt ein wenig nach Ratschlag aus Großmutters Mottenkiste, aber die meisten Kerle finden es anziehend, wenn die potentielle Traumfrau noch ein bisschen geheimnisvoll bleibt.

Dennoch ist es wichtig, beim ersten Treffen man selbst zu sein und keine Rolle zu spielen. Vor allem, wenn man möchte, dass sich aus der Sache eine ernsthafte Beziehung entwickelt, hilft es nichts, sich zu verstellen, nur weil man meint, man käme dadurch besser rüber. Das ist wahnsinnig anstrengend, und es fliegt sowieso auf, sollte man sich öfter treffen und somit auch besser kennenlernen. Ich kenne Frauen, die auf einmal so tun, als wären sie absolute Fußballkenner und in der Bundesliga zu Hause, nur, weil der Mann jedes Heimspiel im Stadion guckt. Dummerweise haben solche Lügen meist kürzere Beine als Philipp Lahm und fliegen schneller auf, als die Gute Pep Guardiola sagen kann … Und das ist dann ganz schön peinlich.

Aus eigener Erfahrung kann sich sagen, dass die Sache mit der richtigen Dosis Authentizität gar nicht so einfach ist. Zwar neige ich dazu, meistens ganz ich selbst zu sein, auch beim Dating. Was daran liegt, dass ich keine gute Schauspielerin bin und mir die Gefahr, aufzufliegen, sollte ich nur eine Rolle spielen, durchaus bewusst ist. Leider bin ich aber manchmal zu viel »ich selbst«, und die Sache mit dem Geheimnisvollen hat keine Chance. Ich rede gern und viel und bin absolut offen, was meine Person angeht. Leider auch, was sämtliche Schwachstellen angeht, und so habe ich bestimmt schon den einen oder anderen Mann vergrault. So habe ich es beispielsweise schon geschafft, einem Mann, den ich wirklich toll fand, innerhalb von drei Bieren alle meine Schwachstellen verbal auf dem Silbertablett zu servieren. Er wusste am Ende des Abends, dass meine Orientierungsfähigkeit der einer Kuh ähnelt, ich in etwa so gut mit Geld umgehen kann wie Kim Kardashian, ich für einfachste handwerkliche Arbeiten sofort meinen Papa oder meinen besten Freund anrufe und nach zu vielen Drinks bei einem One-Night-Stand mal während des Vorspiels eingeschlafen bin. Aus uns wurde leider nichts.

Ich denke, zudem laufe ich hin und wieder Gefahr, dass mich der Mann ziemlich schnell auf die Kumpelschiene schiebt, da ich wirklich gerne Fußball gucke, lieber Bier als Wein trinke und mich generell für das Gegenteil einer Tussi halte. Aber mit der Zeit ist in mir der Verdacht aufgekommen, dass ein bisschen Tussi vielleicht förderlich wäre, möchte man einen Kerl an den Haken bekommen. In Gesprächen mit meinen männlichen Freunden hat sich dieser Verdacht teilweise auch bestätigt. Es gibt sie, die Männer, die es sexy finden, wenn eine Frau nicht nur weiß, was sie will, sondern sich das auch ohne Wenn und Aber nimmt. Und regelmäßig einen auf Drama-Queen macht und somit ihr Temperament unter Beweis stellt. Aber wir sprechen hier gerade von Authentizität. Sprich, wer nun mal keine Zicke/Tussi/Drama-Queen ist, sollte sich auch nicht als eine verkaufen. Denn es gibt genügend Männer auf der Welt, denen die eh viel zu anstrengend wäre und die sich freuen, eine Frau an ihrer Seite zu haben, die mit ihnen Fußball guckt und Bier trinkt.

## Wie endet ein gelungenes Date?

Nicht nur der Beginn eines ersten Dates kann einem Kopfzerbrechen machen, auch das Ende hat es in sich. Ich gehöre definitiv zu den Frauen, die bereits nach den ersten zehn Minuten gedanklich die Frage durchkauen, wie ich mich später verabschieden soll. »Bussi rechts, Bussi links«, eine lockere Umarmung oder gar ein Kuss? Besonders peinlich ist es nämlich, wenn der eine Bussi rechts, Bussi links geben will, der andere aber auf den Mund abzielt. Grauenhaft, diese Momente … Ich hatte das schon öfter, dass ich die jungfräuliche Variante bevorzugt habe, der Typ aber meinen Mund treffen wollte. Witzig, wenn sein Mund dann auf der Nasenspitze landet …

Und, soll man sich überhaupt verabschieden, oder darf das Treffen ruhig bis zum nächsten Morgen andauern? Fragen über Fragen, und eines ist klar: Eine verallgemeinernde Richtlinie darüber, wie ein erstes Date zu enden hat, gibt es nicht. Das ist von Fall zu Fall verschieden.

Zunächst einmal kann natürlich der Fall eintreten, dass man gemeinsam bei einem Glas Wein sitzt und merkt, dass einem der Kerl auf der anderen Seite des Tisches nicht mal ansatzweise so gut gefällt, wie man sich das eigentlich vorgestellt hätte. Der vermeintlich charmante, eloquente und humorvolle Kerl entpuppt sich als staubtrockener Langweiler. Oder er quasselt wie ein Wasserfall – über lauter Dinge, die man selbst weder lustig noch interessant findet. Es kann natürlich auch passieren, dass man selbst total angetan von seinem Date ist, der Funke bei ihm aber partout nicht überspringt. Oder beide stellen fest, dass sie sich zwar sympathisch finden, aber mehr einfach nicht drin ist. In diesen Fällen gilt: möglichst elegant und schadenfrei aus der Sache rauskommen.

Unnötig zu erwähnen, dass sich die Frage nach einem Abschiedskuss in diesem Fall nicht mehr stellt. Es geht darum, ein langweiliges bis schreckliches Date höflich und respektvoll zu beenden und danach wieder getrennte Wege zu gehen. Meine Freundin Ella zieht sich aus sogenannten Horror-Dates (darunter fällt allerdings auch schon der Fall, dass ihr der Mann einfach nicht gefällt) stets so aus der Affäre, dass sie klammheimlich verschwindet, wenn der arme Kerl mal eben auf der Toilette ist. Ich finde, das geht gar nicht. So viel Anstand, dem Mann ruhig und bestimmt zu sagen, dass es einfach nicht knistert und deshalb zu nichts führen wird, sollte man als erwachsene Person schon haben. Und sollte man es nicht schaffen, ehrlich zu sein, dann geht im äußersten Notfall noch der Klassiker, sich von jemandem anrufen zu lassen und das Date wegen eines vermeintlichen Notfalls abzubrechen. Aber der Weg der ehrlichen Kommunikation ist meiner Ansicht nach der beste.

Es kann natürlich auch passieren, dass man beim ersten Treffen zwar merkt, dass eine gemeinsame Zukunft nicht funktionieren wird, man den Dating-Partner aber trotzdem sympathisch und anziehend findet. In diesem Fall spricht nichts dagegen, einen netten Abend zu haben. Mir ist es mal passiert, dass ich über eine Flirt-App mit einem Typen geschrieben und mich dann mit ihm getroffen habe. Das Date wurde sehr lustig, zumal wir feststellten, dass wir viele Jahre zuvor schon mal ein Blind Date in einer anderen Stadt hatten. Witzigerweise merkten wir das erst nach etwa einer Stunde, denn erkannt haben wir uns nicht sofort. Das Ganze hätte ziemlich peinlich werden können, aber wir beschlossen, es mit Humor zu nehmen, und hatten noch einen guten Abend zusammen. Obwohl es auch beim zweiten Mal nicht gefunkt hat, sind wir mit einem guten Gefühl auseinandergegangen.

Kommen wir zu dem Fall, dass das Date super läuft, beide sich richtig gut finden und sich vorstellen können, dass daraus mehr werden könnte. Dann bleibt immer noch die Frage: Wie weit soll/darf ein erstes Date gehen? Es gibt Dating-Regeln, die besagen, dass Sex am ersten Abend ein absolutes Tabu ist, wenn daraus eine Lovestory entstehen soll. Ich denke, das kann man so pauschal nicht sagen. Spreche ich mit meinen Freundinnen oder meinen Kumpels darüber, dann treten die unterschiedlichsten Meinungen zutage. Es kommt wohl in jedem einzelnen Fall auf die Situation an. Ich kenne Paare, die sind bereits am ersten Abend miteinander in der Kiste gelandet, und es wurde (trotzdem) eine feste Beziehung daraus. Ich kenne aber – auch von mir selbst – den Fall, dass es nach zu vielen Drinks zu Sex kommt und man das nüchtern vielleicht nicht getan hätte. Oft hat die schnelle Nummer am Anfang wirklich die Chance zerstört, dass sich aus dem Ganzen mehr entwickelt.

Und auch wenn es altmodisch und abgedroschen klingt, ist es so, dass die meisten Männer eine Frau erobern und nicht willig auf dem Silbertablett präsentiert bekommen wollen. Darüber habe ich ausführlich mit meinem guten Freund Thomas gesprochen, der selbst seit einiger Zeit als bindungswilliger Single auf Frauensuche ist. Er sagt, Männer finden es natürlich nicht schlimm, wenn am ersten Abend alle Hüllen fallen. Aber dadurch würden ernste Absichten schon geschmälert. Die Frau, die er (und wahrscheinlich die meisten seiner Geschlechtsgenossen) bevorzugt, ist die, die es ihm nicht zu einfach macht. Die ihm zwar schon ihr Interesse signalisiert, aber ihn auch ein bisschen zappeln lässt. So muss er sich – ganz in alter Rittermanier – Mühe geben, seine Traumfrau zu erobern.

Die meisten Männer stehen nun mal nicht auf anhängliche

Mauerblümchen, sondern auf Frauen, die selbstbewusst sind und ihr eigenes Leben leben. Und unabhängig davon, dass es den Herren der Schöpfung besser gefällt, unterstützt das ja auch meine Grundthese, dass es zwar schön und wichtig ist, einen Partner an seiner Seite zu haben, das Leben aber auch ohne Kerl Spaß macht und jede Menge zu bieten hat.

Schustert man sich nun ein Idealszenario vom Ende eines ersten Dates zusammen, dann würde es bei mir – und in zahlreichen Hollywood-Schmonzetten – so aussehen: Man hatte tolle Stunden zusammen, die Schmetterlinge im Bauch tanzen Salsa, und man möchte sich auf jeden Fall wiedersehen. Das Wahnsinns-Date endet ganz unschuldig mit einem Kuss – von dem beide noch eine ganze Weile zehren. Bei den nicht wenigen Dates, die ich bisher hatte, ist das zugegebenermaßen erst einmal passiert, und zwar mit meinem Ex Tom nach unserem ersten Date, bei dem wir ja vor einem Café gesessen und Latte macchiato getrunken haben. Als es zur Verabschiedung kam, standen wir uns ein paar magische Minuten gegenüber, bevor wir uns ganz vorsichtig umarmt und schließlich geküsst haben. Dieser Kuss hat für die vielzitierten weichen Knie gesorgt, von den Schmetterlingen im Bauch ganz zu schweigen. Nach dem Kuss habe ich mich umgedreht und bin gegangen – ganz einfach aus dem Grund, weil ich mir dieses total dämlich aussehende, glückliche Grinsen nicht verkneifen konnte. Das dann übrigens noch den restlichen Tag wie auf meinem Gesicht festgetackert war.

Eine Gefahr besteht allerdings auch in dieser Variante: Sollte dieser erste Kuss total schiefgehen, ist die Zukunft der Romanze schwer gefährdet. Denn meiner Meinung nach ist es immens wichtig, dass das mit dem Küssen funktioniert. Eine gute Knutschbasis ist der Baustein für eine erfüllte und leidenschaftliche Beziehung. Dementsprechend ernüchternd kann es sein, wenn man bei der Zungenakrobatik so gar nicht auf einen Nenner kommt. Ich hatte mal ein Hammer-Date mit einem Hammertypen, es hat rundum alles gestimmt. Er sah gut aus, brachte mich zum Lachen und hätte definitiv zum absoluten Traummann mutieren können. Wäre nicht dieser Kuss am Ende des Dates gewesen, der all meine rosaroten Zukunftsfantasien mit einem Zungenschlag zerstört hat. Es war in etwa so, wie man sich den allerersten Kuss im Teeniealter vorstellt. Grobmotorisch und sehr, sehr feucht. Feuchte Fantasien waren somit gestorben, und es gab kein zweites Date mehr.

Apropos feuchte Fantasien, sollte das Kennenlernen doch im Bett enden, muss das wie gesagt nicht zwingend ein Grund dafür sein, dass keine Beziehung zustande kommt. Wir leben ja schließlich nicht in den 1950er Jahren, und »kein Sex vor der Ehe« gilt längst nicht mehr. Manchmal ergibt sich das einfach, und wenn es am Morgen danach keiner von beiden bereut, dann ist die Sache durchaus ausbaufähig. Wie weit man beim ersten Date geht, hat auch immer etwas mit der Art des Dates zu tun. Trifft man sich zum Brunch, ist es eher unwahrscheinlich, dass es noch zum Sex kommt. Bei einem Abend-Date ist die Möglichkeit schon eher gegeben. Generell gilt: Einfach nicht verrückt machen und den Ausgang des Rendezvouz auf sich zukommen lassen. Genießen und abwarten ...

# 3. Die Zeit nach dem ersten Date

## Wer meldet sich zuerst?

Selbst, wenn das Kennenlernen fantastisch lief und man auf rosa Wolken schwebt, ist der Weg vom ersten Date bis zum nächsten Treffen leider mit zahlreichen Missverständnissen gepflastert. Der absolute Klassiker: Wer ruft wen zuerst an? Und wann meldet man sich? Ich glaube, die meisten Frauen kennen das Dilemma, ab Sekunde null, nachdem man auseinandergegangen ist, auf das Handy zu starren und auf ein Lebenszeichen des potentiellen Partners zu warten. Eigentlich können wir schon froh sein, dass wir heute nicht mehr auf die altmodischen Telefone von früher angewiesen sind, denn sie verdammten einen dazu, immer in Reichweite des blöden Dings auszuharren. Heute kann man sich dank iPhone während der Wartezeit zumindest frei bewegen. Und so sitzt frau eben im Café, im Büro, im Fitnessstudio oder beim After-Work-Drink und hypnotisiert das Display.

Dabei muss das keineswegs so ein. Diese Flirttipps wie »Willst du gelten, mach dich selten« oder »Der Mann MUSS sich als Erstes melden« dürfen langsam echt mal eingemottet werden. Generell ist es keine schlechte Idee, wenn beide das erste Treffen erst einmal sacken lassen, um herauszufinden, wie es im tiefsten Inneren aussieht. Möchte man den anderen wirklich wiedersehen? Könnte man sich vorstellen, seine Zukunft – oder zumindest einen Teil davon – mit dieser Person zu verbringen? In dieser Situation heißt es, auf sein Bauchgefühl zu hören. Und tanzen darin Schmetterlinge, ist das auf jeden Fall ein gutes Zeichen. Und dann dürfen natürlich beide als Erster zum Handy greifen und dem anderen eine Nachricht schreiben oder ihn anrufen. Ein »Ich fand es wirklich schön mit Dir und würde Dich gerne wiedersehen« freut den anderen, und wenn er es nicht so sieht, dann kann man die Sache wenigstens schnell abhaken.

Was man dagegen tunlichst unterlassen sollte, ist, den Date-Partner mit Nachrichten zu bombardieren. Das ist mehr als unsexy, wirkt grob verzweifelt – und es wird ihn wahrscheinlich in die Flucht schlagen. Ebenso vermeiden sollte man SMS in betrunkenem Zustand. Ich glaube, fast jeder kennt das ungute Gefühl, wenn man nach einer durchfeierten Nacht auf sein Handy schaut und mit Schrecken feststellt, dass man dem Kerl, den man erst einmal getroffen hat, schmutzige Dinge und/oder Liebeserklärungen gesendet hat. Besonders entwürdigend war einmal die Situation, als ich einem Mann, mit dem ich einen netten Abend hatte, von dem ich aber eigentlich gar nichts wollte, ungefähr zehn SMS geschrieben habe, in denen ich ihn nahezu angefleht habe, doch noch vorbeizukommen. Dass der Arme erstens anderweitig verplant war und zweitens wahrscheinlich auch keine große Lust hatte, den Weg zu mir anzutreten, blendete ich völlig aus. Nur, weil mir nach einem feuchtfröhlichen Mädelsabend so gar nicht danach war, alleine einzuschlafen. Die einfache Abhilfe: beim Ausgehen einfach das Handy zu Hause lassen oder es in die Obhut einer Freundin geben. Es wäre doch echt schade, wenn eine vielversprechende Sache wegen so etwas im Sande verläuft.

Doch was soll man nun tun, wenn nach dem wunderbaren Date auf einmal totale Funkstille herrscht? Selbst, wenn man schon eine SMS geschickt und kommuniziert hat, dass man sich über eine Fortsetzung freuen würde, kommt von dem Mann – nichts. Leider neigen Frauen in dieser Situation dazu, sich alles Pippi-Langstrumpf-mäßig schönzureden. Der Kerl meldet sich nicht? Na, dann wird er einfach total viel zu tun haben. Oder er hat sein Handy verloren. Oder er ist verreist an einen Ort jenseits jeglicher Netzwerkverbindungen. Oder er muss die Welt retten. Oh mein Gott, vielleicht ist er auch tot?! Ladys, blicken wir der Wahrheit ins Auge: Es gibt nur einen einzigen Grund, warum sich ein Mann nicht (zurück-)meldet. Er ist einfach nicht interessiert. Denn wäre er das, dann würde er immer eine Möglichkeit finden, ein paar Zeilen ins Handy zu tippen oder kurz zum Hörer zu greifen. Sogar auf der Toilette wäre das theoretisch möglich (also zumindest das Tippen ist dort kein Problem).

Meldet er sich also nicht, dann möchte er sich nicht melden und hat leider nicht die Eier in der Hose, um der Frau offen und ehrlich zu sagen, dass er kein Interesse an ihr hat. Das ist weder sonderlich fair noch sonderlich männlich, aber für ihn in diesem Fall der einfachste Weg. Das Einzige, was die betreffende Frau da noch tun kann, ist, die Nummer zu löschen und die Sache ad acta zu legen. Ich weiß aus eigener Erfahrung, dass das nicht immer einfach ist. Aber ich weiß auch aus schmerzhafter Erfahrung, dass es noch viel schlimmer ist, so einem abtrünnigen Kerl hinterherzulaufen oder zu -telefonieren. Dann ist man nämlich nicht nur traurig, sondern auch beschämt. Herz und Stolz landen gemeinsam auf dem Sondermüll. Das ging mir beispielsweise mit Marc so, einem Typen, den ich zwei-, dreimal getroffen hatte. Die Dates waren wirklich toll, und das letzte endete in seinem Bett. Auch das gemeinsame Aufwachen war schön, und ich hatte keinen einzigen Zweifel daran, dass es eine Fortsetzung geben würde. Das wurde allerdings durch die Tatsache erschwert, dass Marc sich nach unserem Abschiedskuss tot stellte. Es fing damit an, dass er sich von sich aus nicht meldete. Und auch nicht auf meine Nachrichten antwortete, die ich ihm irgendwann schickte, als ich diese blöde Warterei einfach nicht mehr aushielt. Ich bin mir heute sicher, dass Marc nicht tot, sondern quicklebendig ist, aber einfach keine Lust hatte, mir direkt zu erläutern, dass er einfach nichts von mir wollte. Außer eben diese einmalige Nummer.

Im besten Fall lassen also beide zunächst das gemeinsame Treffen sacken, stellen fest, den anderen gerne wiedersehen zu wollen, und teilen sich das gegenseitig mit. Wer das wann und auf welche Weise tut, ist völlig schnuppe. Das Ergebnis zählt. Und das ist in diesem Fall dann Date Nummer zwei.

## Anzeichen dafür, dass man IHN kein zweites Mal treffen sollte

Natürlich können nicht nur wir Frauen beim ersten Date etwas falsch machen. Es gibt auch so einige Dinge, die uns zeigen, dass man den Dating-Partner besser kein zweites Mal treffen sollte. Ich habe in meinen Jahren, in denen ich bei dem ganzen Liebeswahnsinn schon mitspiele, ein paar Beispiele gesammelt, die ich euch natürlich keineswegs vorenthalten möchte:

*Wie heiße ich?* Ein absolutes No-Go: Er spricht dich beim ersten Date nur mit »Süße«, »Baby« oder »Kleine« an. Das zeugt erstens von miesen Manieren, zweitens ist es peinlich, und drittens legt es nahe, dass er sich deinen Namen nicht merken kann. Fort mit, äh, wie heißt der noch mal?!

*Von wegen Gentleman:* Ganz egal, ob frau nun auf sensible Träumer oder echte Kerle steht, eines sollte jeder Mann haben: gute Manieren. Die »gute alte Schule« kommt niemals aus der Mode. So sind Tischmanieren, Höflichkeit und Pünktlichkeit ein absolutes Muss. Gesten, wie der Frau die Tür aufzuhalten, sie nach Hause zu bringen oder ihr in den Mantel zu helfen, sind der Bonus obendrauf. Benimmt sich ein Kerl wie ein Neandertaler, so verspielt er sich leider die Chance auf ein zweites Date. Ich möchte mich in diesem Punkt sicherlich nicht aufführen wie eine verkniffene Gouvernante aus den 1950er Jahren, aber ganz ehrlich, ein Typ, der sich an der Bar einen Drink holt, ohne mich zu fragen, ob ich auch etwas möchte, kann den Drink gerne ohne mich trinken.

*Plumpe Anmache:* Klar kann das Date damit enden, dass man sich körperlich näherkommt. Aber macht der Mann bereits anzügliche Andeutungen, wenn man sich noch keine zehn Minuten kennt, oder wird er sehr schnell sehr »touchy«, finden das die wenigsten Frauen prickelnd. Für mich wäre es ein Grund, ihm erst auf die Pfoten zu hauen und dann schnell das Weite zu suchen. Das gilt übrigens auch für verbale Tatscherei: Ich saß mal mit einem Mann, der die erste Viertelstunde eigentlich ganz kultiviert gewirkt hatte, in einem Restaurant. Das war allerdings, bevor er mich aus heiterem Himmel fragte, ob mein Busen echt sei und ich ihm nicht ein paar heiße Fotos zeigen wolle, die ich bestimmt auf meinem Smartphone gespeichert hätte. Äh, nein, ich habe leider kein Foto für dich!

*Gaffer:* Egal, ob der Funke beim ersten Date überspringt oder nicht, die volle Aufmerksamkeit hat der Date-Partner verdient. Nichts ist abtörnender, als mit einem Mann in einer

Bar zu sitzen, der die ganze Zeit andere Frauen abcheckt. Das ist verdammt unhöflich und lässt leider auch vermuten, dass es der Gute mit einer monogamen Beziehung vielleicht nicht so hat. Besonders witzig wird es, wenn er dich fragt, wie du die scharfe Kellnerin findest und ob du dir einen Dreier mit ihm und ihr vorstellen könntest. Das ist meiner Freundin Maja mal passiert. Sie schloss in diesem Moment auch den Zweier mit ihm kategorisch aus.

*Angeber:* Das Date war zum Fremdschämen, weil der Kerl sich die ganze Zeit benommen hat wie Graf Koks? Er hat sich null für dich interessiert, weil er durchgehend damit beschäftigt war, zu prahlen und von sich zu erzählen? Wie unsexy! Und ein Grund, ein zweites Date abzulehnen.

# III.
# Von der Affäre zur festen Beziehung

# 1. Der erste Sex

Auch, wenn es von Fall zu Fall unterschiedlich ist, wann zum ersten Mal gemeinsam die Laken zerwühlt werden, früher oder später kommt es zum ersten Sex. Und das ist meist so aufregend, als würde es sich um das allererste Mal überhaupt handeln. Herzklopfen, Bauchkribbeln, feuchte Hände – vor der Sexpremiere mit einem neuen (Vielleicht-) Partner fühlen sich die meisten in Teeniezeiten zurückversetzt. Sei es deswegen, weil der letzte Matratzensport schon gefühlte 100 Jahre her ist oder man den Kerl so heiß findet, dass man Angst bekommt, sich in der Horizontalen zu blamieren.

Die gute Nachricht: Sex ist wie Fahrradfahren, das verlernt man nicht. Sofern man überhaupt von verlernen sprechen kann, denn Sex ist ja nicht wie eine Fremdsprache, die man von der Pike auf lernen und stetig verbessern kann. Es gibt kein Richtig oder Falsch, erlaubt ist generell, was beiden gefällt. Dennoch haben gerade viele Langzeitsingles ein mulmiges Gefühl, wenn es darum geht, mit einem neuen Partner zur Sache zu kommen. Zweifel geistern durch den Kopf und verhindern, dass man sich richtig fallenlassen kann. Es gibt einige Fragen, die viele erotische Wiedereinsteiger quälen. Dabei gibt es für jedes »Problem« auch eine Lösung!

# Tipps für erotische Wiedereinsteiger

*Bin ich überhaupt sexy genug?* Gerade Frauen, die über einen längeren Zeitraum auf Solopfaden durchs Leben gewandelt sind, hadern häufig mit ihrem Äußeren. In vielen Fällen ist es einfach schon zu lange her, dass ein Mann das Selbstvertrauen mit Worten und körperlicher Nähe gestärkt hat. Und gerade beim weiblichen Geschlecht besteht häufig eine große Diskrepanz zwischen Selbst- und Fremdwahrnehmung. Ich kenne das aus eigener Erfahrung. Ich persönlich finde meine Figur im Großen und Ganzen gut, allerdings stehe ich auf totalem Kriegsfuß mit meinem Bauch, in meinen Augen ist er zu dick. Sehe ich in Modezeitschriften Models mit einer herrlich flachen Körpermitte, könnte ich vor Neid glatt in die Tischkante beißen. Es ist allerdings noch kein einziges Mal passiert, dass ein Mann, mit dem ich Sex hatte, ein negatives Wort über meinen Bauch verloren hat. Oder mir auch nur das Gefühl gegeben hätte, er fände meinen Körper nicht sexy. Ich finde, das ist ein ganz gutes Beispiel dafür, dass wir Frauen mit Argusaugen auf vermeintliche Makel achten, die keinem Kerl der Welt jemals auffallen würden.

Und selbst, wenn man ein paar Speckröllchen sein Eigen nennt, ist das kein Grund, sich vor dem ersten Mal mit einem neuen Partner zu fürchten. Denn so überkritisch, wie man selbst mit seinem Körper ist, wird ihn kein Mann der Welt betrachten. Das Wichtigste ist, dass man sich selbst wohl in seinem Körper fühlt, da man das dann automatisch ausstrahlt. Klar, das klingt in der Theorie einfacher, als es letztendlich ist, aber wer sich und seinem Körper regelmäßig etwas Gutes tut – sei es durch die richtige Ernährung, Sport oder Wellness-Behandlungen –, wird an diesen Punkt kommen. Und dann stellt sich die ängstliche Frage, ob der neue Mann einen wohl sexy findet, gar nicht mehr. Wer sich selbst sexy findet, ist es auch.

*Mache ich alles falsch?* Dieses vermeintliche Problem ist besonders überflüssig, da es – wie bereits erwähnt – beim Sex kein Richtig und Falsch gibt. Das Grundprinzip, wie das mit den Bienchen und den Blümchen funktioniert, kennen wir alle. Und nur, weil man es vielleicht über einen längeren Zeitraum selten oder gar nicht praktiziert hat, fängt man ja nicht automatisch bei null an. Es klingt simpel, ist aber so: Guter Sex ist der, bei dem sich beide fallenlassen können. Klar, landet man das erste Mal mit einem neuen Partner in der Kiste, kann man natürlich noch gar nicht wissen, worauf derjenige besonders steht. Aber erstens hilft beim Sex eine offene Kommunikation, und zweitens ist es doch gerade aufregend, den anderen langsam zu erkunden.

*Bin ich langweilig im Bett?* Ich weiß nicht, warum sich ausgerechnet Frauen gerne einreden, langweilig im Bett zu sein. Liegt das an den komischen Vergleichen, die frau zu irgendwelchen Porno-Stars zieht? Das ist natürlich völliger Quatsch, denn selbst wenn der Mann von irgendwelchen ach so heißen Miezen schwärmt, die heißeste ist für ihn die, mit der er im Bett liegt. Außerdem ist Sex kein Höchstleistungssport, er soll Spaß machen. Auch eine vermeintlich langweilige Stellung wie die Missionarsstellung kann verdammt heiß sein. Zudem muss man ja nicht beim ersten Mal mit einem neuen Kerl das ganze Kamasutra rauf- und runterturnen. Es geht doch erst einmal darum, den anderen besser kennenzulernen, also auch dessen Vorlieben. An die komplexeren Praktiken kann man sich ja mit der Zeit herantasten.

*Nüchtern schaffe ich das nie.* Die Verlockung, sich vor dem ersten Sex mit ein paar Gläschen in Stimmung zu trinken, ist groß. Alkohol entspannt – und enthemmt. Es ist faszinierend, mit wie vielen Singlefreundinnen ich schon gesprochen habe, die sich gar nicht mehr daran erinnern können, wann sie das erste Mal mit einem neuen Mann nüchtern erlebt haben. Ich finde, gegen ein Glas Prosecco gegen die Nervosität ist nichts einzuwenden. Sich völlig abzuschießen ist dagegen alles andere als eine gute Idee. Betrunkener Sex ist meist nicht annährend so prickelnd wie der Schampus davor. Sei es, weil man selbst mittendrin einpennt oder der Mann promillebedingte Erektionsstörungen kriegt, guter Sex geht anders. Außerdem ist es auch ziemlich blöd, am Morgen nach dem ersten gemeinsamen Mal davon nichts mehr zu wissen ...

*Ist es nach dem Sex schon wieder vorbei?* Manche Langzeitsingles hegen die Befürchtung, dass der neue Partner schnell das Weite sucht, wenn der erste Sex nicht so grandios war. Hallo?! Erstens ist derjenige ein absoluter Vollpfosten, der das tut. Denn dann stand bei ihm ja ganz eindeutig das körperliche Vergnügen im Vordergrund und nicht die Absicht auf eine ernsthafte Beziehung. Zweitens ist Sex ausbaufähig. Nur, weil es beim ersten Mal aus Nervosität oder Unsicherheit eher erotischer Durchschnitt war, heißt das nicht, dass es nicht bereits beim nächsten Mal schon eine richtig heiße Nummer wird. Dass Sex ein wichtiger Bestandteil einer gut funktionierenden Beziehung ist, sehen die meisten Menschen so. Aber das ist kein Grund, sich von Anfang an unter »Erfolgsdruck« zu setzen. Einfach mal entspannen, lautet die Devise.

*Wie verhalte ich mich nach dem Sex?* Gehen oder Bleiben – das ist für viele Singles in der ersten Liebesnacht mit dem neuen Partner die große Frage. Es gibt noch keine Gewohnheit, keine wirkliche Vertrautheit, und diese Situation kann einen durchaus ganz schön verunsichern. Allein der Gedanke, morgens neben jemandem, den man noch nicht gut kennt, nackt im Bad zu stehen, finden viele Frauen alles andere als behaglich. Oder es ist der Zweifel: »Ob er mich auch ungeschminkt schön findet?«, der zahlreiche meiner Singlefreundinnen noch nachts in ein Taxi hüpfen lässt. In diesem Punkt bin ich ziemlich schmerzbefreit. Was definitiv nichts damit zu tun hat, dass ich morgens wie aus dem Ei gepellt aufwachen würde. Ganz im Gegenteil, mein allmorgendlicher Anblick ist durchaus als gewöhnungsbedürftig zu bezeichnen. Aber ich finde, sollte aus der ganzen Sache etwas Ernstes werden, dann kann der Mann doch gar nicht früh genug damit anfangen, sich daran zu gewöhnen. Ich plädiere also für Bleiben, denn gerade das gemeinsame Aufwachen zeigt, ob Potential besteht. Aber letztlich ist das natürlich jedem selbst überlassen.

*Muss ich dem Neuen von meiner erotischen Auszeit berichten?* Diese Frage lässt sich meiner Ansicht nach relativ leicht beantworten: Nein, muss ich nicht. Wann man das letzte Mal Sex hatte und woran es liegen könnte, dass seit einer gefühlten Ewigkeit nichts mehr passiert ist, geht niemanden etwas an.

## Tipps für die erste heiße Nacht

Nicht nur Langzeitsingles sind häufig nervös vor der Sexpremiere mit einem neuen Partner. Viele fühlen sich vor dem Schäferstündchen generell wieder wie 16. Mit diesen simplen Tipps steht einem entspannten »ersten Mal« nichts mehr im Wege:

*Offenheit ist wichtig:* Auch wenn sich natürlich kaum jemand beim Kennenlernen zusammensetzt und seine erotischen Vorlieben mit denen des anderen detailgetreu abgleicht, ist eine gute Portion Offenheit wichtig. Wer seinem zukünftigen Bettgefährten ehrlich gesteht, ein wenig nervös vor der ersten gemeinsamen Nummer zu sein, zeigt sich menschlich und baut gleichzeitig den Druck ab, sich vor dem anderen total souverän zeigen zu müssen. Und sollte es ganz bestimmte Vorlieben oder Abneigungen geben, schadet es auch nicht, diese offen zu kommunizieren. Das kann verhindern, dass die Sexpremiere total danebengeht.

*Humor schadet nie:* Ich finde, guter Sex ist, wenn man (trotzdem) lacht. Das gilt natürlich auch (oder gerade) für den ersten Sex mit einem neuen Partner. Gerade, wenn man zwischen den Laken noch nicht aufeinander eingespielt ist, kann es schon mal zu einer peinlichen Situation kommen. Gemeinsam darüber zu lachen entspannt die Lage und bewirkt, dass man sich einander näher fühlt. Ich kann mich beispielsweise gut an den ersten Sex mit meinem Ex-Freund Sebastian erinnern. Gerade, als wir richtig in Fahrt kamen, brach unter lautem Scheppern mein Lattenrost zusammen. Nach einer kurzen Schrecksekunde mussten wir beide losprusten und zogen kichernd auf den Fußboden um. Die Geschichte hat uns von Anfang an verbunden, und wir haben auch später noch häufig darüber gelacht. Außerdem werde ich diese Episode wahrscheinlich ewig in Erinnerung behalten.

*Immer mit der Ruhe:* Keine Frage, Quickies können äußerst prickelnd sein. Bei einem ersten Mal sollte man sich aber definitiv mehr Zeit lassen. Es geht darum, den anderen ausgiebig zu beschnuppern und sich vorsichtig aneinander heranzutasten. Für die eine oder andere schnelle Nummer ist ja später auch noch Zeit …

*Nicht übertreiben:* SM-Sex, Dirty Talk, ausgefallene Kamasutra-Stellungen? Alles schön und gut, aber bitte alles zu seiner Zeit. Der erste gemeinsame Sex ist eher nicht der richtige

Zeitpunkt, um sich erotisch gleich derart zu verausgaben. Die Gefahr, den anderen damit zu überrumpeln und gegebenenfalls auch zu überfordern, ist groß. So finde ich Dirty Talk generell nicht übel, aber sollte mir der Mann gleich in der ersten Nacht versaute Dinge ins Ohr flüstern, würde das in mir eher Fluchtgedanken als wohlige Schauer hervorrufen.

*Auf Nummer sicher gehen:* Auch wenn es eigentlich selbstverständlich sein sollte, kann man nicht oft genug an den Schutz bei Sex mit Menschen, die man noch nicht wirklich gut kennt, erinnern. Gegen ungewollte Schwangerschaft UND sämtliche Geschlechtskrankheiten hilft das gute alte Kondom. Wird die Sache mit der Zeit ernster und es entwickelt sich eine feste Beziehung, dann sollten sich beide medizinisch untersuchen lassen, um künftig nicht mehr aus gesundheitlichen Gründen auf Gummis zurückgreifen zu müssen.

## Harmlose und fiese Sexpannen

Wie wir bereits festgestellt haben: Vor der Sexpremiere mit dem oder der Neuen ist so gut wie jeder nervös. Und wenn man nervös ist, kann es schon mal zu der einen oder anderen Panne kommen, das ist garantiert jedem schon mal passiert. Was einen dann noch einen Tick nervöser macht. Das muss aber nicht sein, denn die meisten Pannen im Bett sind eher ein Grund zum Schmunzeln als eine Katastrophe. Es sollte allerdings schon zwischen harmlosen und wirklich fiesen Sexpannen unterschieden werden. Ich habe mal ein bisschen gesammelt …

*Kein Gummi griffbereit:* Da ist man gerade so richtig schön in Fahrt und freut sich auf die erste scharfe Nummer mit dem neuen Partner – und merkt dann, dass keiner Kondome parat hat. Ist nervig, aber keine Katastrophe. Sollte keiner von beiden Lust haben, doch noch schnell Verhüterlis zu besorgen, dann kommt es beim ersten Mal eben nicht zum eigentlichen Akt. Es gibt so viele andere schöne Dinge, die man miteinander anstellen kann … Wer es gar nicht aushält, der kann ja noch mal loslaufen.

*Ups, zu früh:* Gerade den Männern kann es passieren, dass sie im Eifer des Gefechts (vielleicht auch aus Nervosität) schon kommen, während die Frau noch nicht einmal warmgelaufen ist. Auch wenn es ihm wahrscheinlich ziemlich unangenehm ist, ist das echt keine Tragödie! Erstens ist die Nacht noch lang, und es gibt bestimmt noch ein zweites, drittes, viertes Mal … Und zweitens kann sie es auch durchaus als Kompliment sehen, wenn sie ihn so scharf macht, dass er nicht länger warten konnte.

*Unangenehme Geräusche:* Klar ist es peinlich, wenn man gerade hemmungslosen Sex hat, und plötzlich ertönt ein eher unschönes Geräusch. Die eleganteste Lösung ist: einfach gemeinsam darüber lachen und weitermachen. Oder so tun, als wäre nichts gewesen – und weitermachen.

*Haariges Problem:* Es ist so, manchmal rasieren Frauen sich absichtlich weder Bikinizone noch Beine, um sich davor zu schützen, an diesem Abend mit ihrem Date im Bett zu landen. Es kann aber natürlich auch sein, dass frau schlicht und einfach vergessen hat, ihren Rasierer zu schwingen. So oder so ist das kein Drama. Entweder wird es dem Mann im Eifer des Gefechts gar nicht auffallen. Oder er ist so scharf, dass es ihm völlig schnuppe ist. Sollte es wider Erwarten doch ein

Problem für ihn sein und er sogar blöd reagieren, dann sollte er sowieso in hohem Bogen aus dem Bett fliegen.

## Unangenehme Sexpannen

*Falscher Name:* Da hat man das erste Mal miteinander Sex, und er stöhnt inbrünstig: »Oh ja, Anna!« – obwohl man Marie heißt. Klar, jeder kann mal etwas durcheinanderbringen, aber der Name der neuen Flamme beim ersten gemeinsamen Liebesspiel sollte es nicht sein. Das ist wirklich eine der peinlichsten Liebespannen überhaupt.

*Alkohol-Nummer:* Sich mit promillehaltigen Drinks vor der Sexpremiere so zuschütten, dass da dann gar nichts läuft, ist wirklich doof. Bei Männern gibt es zwei Möglichkeiten: Entweder, er kriegt nach zu vielen Drinks gar keinen mehr hoch. Oder – und das ist meiner Ansicht nach die schlimmere Variante – er kriegt einen hoch, kommt dann aber stundenlang nicht zum Ziel. Ich habe mich schon öfter mit meinen Freundinnen darüber unterhalten, und wir waren uns stets einig: So ein Endlosgeruckel nach zehn Cocktails geht gar nicht. Aber auch Frauen können sich promillebedingt beim ersten gemeinsamen Sex danebenbenehmen. Ich sage nur, einpennen, bevor es überhaupt so richtig losgegangen ist …

Das ist mir Gott sei Dank bislang nur ein einziges Mal passiert. Wir waren zuvor auf dem Münchner Oktoberfest gewesen, und der Promillestand war dementsprechend hoch. Ich kann mich noch erinnern, dass wir leidenschaftlich übereinander hergefallen sind, kaum dass wir die Wohnung betreten hatten. Und dass es noch eine ziemlich mühsame Angelegenheit war, bis wir mich von meinem knallengen Dirndl befreit und ihn aus der Lederhose geschält hatten. Ab da wird es leider dunkel in meiner Erinnerung, was daran liegt, dass ich mich meinem Bierrausch ergeben und selig weggeschlummert bin …

*Erinnerungslücken:* Natürlich kann es bei einem One-Night-Stand nach einer sehr ausgelassenen Nacht passieren, dass man morgens aufwacht und – den vielen Drinks sei Dank – sich nicht ansatzweise daran erinnern kann, wer denn die Person ist, die neben einem im Bett liegt. Oder wahlweise auch, in welchem Bett man selbst liegt. Auch in so einer Situation ist das Gefühl weniger angenehm, aber wie gesagt, es kann passieren. Passiert einem das aber mit einer Person, die man gedatet hat in der Hoffnung, dass mehr daraus wird, ist das wirklich saudumm.

# 2. Die Situation nach dem ersten Sex

Die erste gemeinsame Nacht ist vorbei – und es war richtig gut? Kein Wunder, dass die Schmetterlinge im Bauch nach wie vor Samba tanzen – und nach mehr schreien. Doch gleichzeitig ploppen erneut Zweifel auf. Wird er sich melden? Will er auch mehr von mir, oder ging es ihm nur um Sex? Ich glaube, so gut wie jede verknallte Frau kennt diese Gedanken nach dem ersten Matratzensport. Was das Zuerst-Melden angeht, so brauchen wir hier nicht mehr groß darauf einzugehen, denn meiner Ansicht nach gilt hier dasselbe wie nach dem ersten Date: Wer zuerst das Bedürfnis hat, sich zu melden, der meldet sich zuerst.

Habe ich mich allerdings gemeldet und bekomme keine Antwort auf meine SMS, bzw. der Mann geht nicht an sein Telefon, dann kann das ganz schön verunsichern. Und das leider zu Recht. Ich war in meinem Leben auch schon das eine oder andere Mal in dieser Situation, und ich kann bestätigen: Nach dem ersten Sex kein Lebenszeichen zu bekommen ist beschissen. Zunächst findet man für sich noch sämtliche Begründungen, warum dieser arme Kerl gerade nicht in der Lage ist, zu seinem Handy zu greifen und zu schreiben bzw. zu sagen, wie wahnsinnig gut er die gemeinsame Nacht fand. Und dass er verdammt noch mal ganz schnell mehr davon haben möchte. Mit jeder Stunde, die seitdem vergeht (okay, stopp, sind wir ehrlich, mit jeder Minute, die seitdem vergeht), ohne dass eine Nachricht kommt, schwinden die Hoffnungen auf eine »normale« Begründung wie einen Handydiebstahl oder einen Unfall. Es keimt ein Verdacht auf, der sich leider in den meisten Fällen bestätigt, in denen der beteiligte Typ einen auf »toten Mann« macht: Er hat kein Interesse. Ob er von Anfang an nur auf schnellen Sex aus war oder – was ja durchaus passieren kann – gemerkt hat, dass es bei ihm nicht gefunkt hat, diese Romanze wird wohl ohne Fortsetzung bleiben.

Fakt ist: Ein Kerl, der sich nicht mehr meldet, will sich nicht mehr melden. Und weil er meistens nicht den Arsch in der Hose hat, das klar und deutlich zu kommunizieren, verschwindet er eben lautlos. Auf leisen Sohlen, wie Winnetou zu seinen besten Zeiten. Das findet natürlich keine Frau schön. Das macht wütend, das kann weh tun oder einfach nur nerven. Das Wichtigste aber ist – egal, in welcher Gefühlslage man sich gerade befindet –, dieser Kerl muss abgehakt werden. Nach einem oder mehreren schönen Dates in der Kiste landen und sich dann still und heimlich verpissen, das gehört sich nicht. Und so einen Mann möchte frau auch nicht an ihrer Seite haben.

Allerdings ist es natürlich nicht immer so, dass ein Mann, der gemerkt hat, dass es bei ihm nicht gefunkt hat, sich davonstiehlt. Manchmal wird durchaus noch kommuniziert – nur kann von offen und ehrlich leider nicht die Rede sein. Viele Männer sind wahre Meister darin, (saublöde) Ausreden zu erfinden, nur um einer Frau nach dem ersten Sex keine Hoffnungen auf eine feste Beziehung zu machen. Ich habe mal in meinem Erfahrungsschatz gekramt und auch meine Freundinnen ausgequetscht und diese Sammlung an beliebten Männer-Ausflüchten zusammenbekommen:

*»Süße, es war total schön mit dir, aber leider habe ich festge-stellt, dass ich noch nicht bereit für etwas Festes bin.«* Das sa-gen auch die Kerle gern, die bei den ersten Dates immer be-tont haben, dass sie auf der Suche nach einer festen Beziehung sind und sich das komplette Pärchenprogramm durchaus vor-stellen können. Das können sie wahrscheinlich auch – aller-dings mit einer anderen Frau.

*»Ich merke gerade, dass du mir nach dieser kurzen Zeit schon ganz schön nahe bist. Das macht mir Angst, ich habe so etwas noch nie empfunden. Bitte gib mir noch etwas Zeit!«* Klar, die Zeit kann man dem armen bindungsscheuen Wesen schon geben. Es besteht allerdings die reelle Chance, dass er in der Zwischenzeit seine Bindungsfähigkeit mit der nächsten Frau testet.

*»Ich möchte wirklich, dass das mit uns beiden etwas wird. Aber in den nächsten Wochen bin ich beruflich so eingebun-den, ich weiß gar nicht, wie wir uns da sehen können.«* Das muss natürlich nicht immer eine Ausrede sein, sondern kann durchaus der Wahrheit entsprechen. Aber Fakt ist, wenn man wirklich verliebt ist bzw. ernsthaftes Interesse an jemandem hat, schafft man es immer, ein wenig Zeit frei zu schaufeln. Ganz einfach deswegen, weil man selbst Zeit mit der anderen Person verbringen möchte. Sollte ein hohes Arbeitspensum dagegensprechen, dann wären ja wohl alle schwer beschäftig-ten Personen dieser Welt Single. Aber bekanntlich hat sogar unsere Bundeskanzlerin einen Ehemann …

*»Du wirst es nicht glauben, aber durch die Nähe, die zwi-schen uns entstanden ist, wurde ich plötzlich daran erinnert, dass ich noch etwas für meine Ex empfinde.«* Da bleibt einem wirklich nicht mehr übrig, als zu sagen: »Schön, dass ich dir weiterhelfen konnte, und jetzt verpiss dich bitte zu deiner Ex!«

Meldet er sich also nach der Sexpremiere gar nicht mehr – oder verwendet eine dieser Ausreden, dann ist es offensichtlich, und es hilft nur eines: den Mann abhaken. Leider ist es aber nicht immer so einfach zu durchschauen, ob der Kerl, der uns Schmetterlinge in den Bauch und ein selig-doofes Grinsen ins Gesicht zaubert, mehr will oder nur auf eine lockere Affäre aus ist. Doch es gibt ein paar Anzeichen, die genau das verraten können.

# 3. Affäre oder die Aussicht auf Liebe?

## Signale dafür, dass mehr als eine Affäre nicht drin ist

*E*r ruft nie einfach mal so an, um sich zu erkundigen, wie es einem so geht oder wann man sich mal wieder sieht: Wenn er zum Hörer greift, dann spätabends, um eben mal schnell ein Treffen klarzumachen. Und wo dieses Treffen dann endet, ist klar. So etwas nennt man »Booty-Call« – und es geht um Sex auf Abruf. Ein Mann, der an einer ernsthaften Beziehung interessiert ist, macht so etwas nicht.

*Er ruft betrunken an, z. B. von einer Kneipentour mit seinen Kumpels:* Auch dann geht es in 99 Prozent der Fälle um schnellen Sex und nicht um ernsthafte Gefühle. Ich gestehe, dass das durchaus nicht nur Männer machen, auch eine Frau, die von einem bestimmten Kerl nur Sex, aber keine Liebe will, macht so etwas schon mal. Zumindest ist es mir schon mal passiert, dass ich nach ein paar Gläsern Prosecco den unbändigen Drang hatte, bei einem Mann anzurufen, bei dem ich mir sicher war, dass aus uns nichts Festes werden würde. Dummerweise hatte er Gefühle für mich – und ich deshalb am nächsten Tag neben einem fetten Kater auch ein sehr schlechtes Gewissen.

*Auf SMS oder E-Mails antwortet er erst nach Tagen?* Das

deutet leider auch keineswegs auf romantische Absichten hin, denn wer verliebt ist, freut sich nicht nur über nette Nachrichten von dem anderen, sondern schreibt auch so schnell wie möglich zurück.

*Er geht nie mit dir aus – zumindest nicht dorthin, wo Leute sind, die ihn kennen.* Klares Signal dafür, dass für ihn keine gemeinsame Zukunft in Frage kommt. Sonst wäre es ihm nicht nur egal, ob ihr zusammen gesehen werdet, sondern er würde dir seine Freunde und seine Familie vorstellen.

*Kleine Aufmerksamkeiten? Fehlanzeige!* Eines ist klar: Wer den potentiellen Partner ernsthaft kennenlernen möchte, der ist an dessen Interessen und Lebenslauf interessiert. Kommt allerdings nie eine Frage oder hat man nie das Gefühl, der andere hätte ernsthaft zugehört, dann geht es ihm wahrscheinlich nur um Spaß im Bett. Dafür muss man schließlich den Geburtstag, die Lieblingsfarbe und das liebste Reiseziel nicht kennen …

## So klappt es mit der Affäre

Es ist natürlich längst nicht immer der Fall, dass frau sich total verliebt und nach dem ersten Sex von Kindern, Hochzeit und einem Familienhund träumt. Auch, wenn es viele Männer gibt, die vor allem Frauen jenseits der 30 das gerne unterstellen. Es kann jedoch genauso gut sein, dass man selbst auch merkt, dass man mit diesem Kerl sehr gerne die Laken zerwühlt und auch Zeit mit ihm verbringen möchte, sich aber keine ernsthafte Beziehung mit ihm vorstellen kann. Sei es, weil der Funke nicht übergesprungen ist oder man einfach merkt, dass diese unverbindliche Sache gerade zu dieser Zeit genau das Richtige ist. Aber auch in diesem Fall gibt es ein paar lockere Richtlinien, die dafür sorgen sollen, dass der unverbindliche Spaß nicht plötzlich in Stress ausartet. Denn bei einer Affäre geht es lediglich darum, guten Sex zu haben, eine herrlich unbeschwerte Zeit zu erleben und sich nicht mit Diskussionen herumzuschlagen, die ihre Berechtigung, wenn überhaupt, nur in einer festen Beziehung hätten.

*Eine Frage der Definition:* Grob gesagt ist eine Affäre mehr als ein One-Night-Stand und weniger als eine Beziehung. Der Begriff »avoir quelque chose à faire« stammt aus dem 17. Jahrhundert und bedeutet übersetzt »etwas zu tun zu haben«. Und das stimmt, bei einer gelungenen Affäre hat man zumindest in der Horizontalen meist eine ganze Menge zu tun. Wichtig ist, dass die Beteiligten von Anfang an die Karten offen auf den Tisch legen und ehrlich sagen, ob es für beide okay ist, dass die Verbindung lediglich eine lose Sexgeschichte bleibt. Hat sich einer nämlich verknallt, dann endet das nicht selten in einem Drama – oder zumindest mit einem gebrochenen Herzen.

Ich kenne die Situation, dass man selbst den Mann schon ganz gut findet, aber weiß, dass er nur etwas Unverbindliches möchte. Nur leider führt dieses Wissen nicht zwingend dazu, die Notbremse zu ziehen. Statt die Füße in die Hand zu nehmen und zu rennen – was in so einem Fall definitiv das einzig Wahre wäre –, redet man sich selbst die ganze Sache schön. Man bildet sich entweder ein, ohne Probleme damit umgehen zu können, dass man selbst zwar jede Menge Schmetterlinge im Bauch und rosa Herzen in den Augen hat, der andere aber lediglich Sex möchte. In 99 Prozent der Fälle kann man damit leider nicht umgehen. Oder man hegt und pflegt die Hoffnung, dass es dem Kerl jetzt zwar noch ausschließlich um lockeren Spaß geht, er sich aber schon noch verlieben wird, wenn er erst mal merkt, wie toll man ist. Klar, das kann passieren. Tut es aber leider in den meisten Fällen nicht.

*Keine (übertriebenen) Ansprüche:* Klar, dass man sich gegenseitig mit Anstand und Respekt behandelt, gehört auch in einer lockeren Affäre dazu. Aber ich kann von meiner Affäre nicht solche Dinge erwarten, wie ich es bei meinem festen Partner vielleicht tun würde. Nur, weil wir uns gut verstehen und Sex miteinander haben, muss der andere sich nicht zwingend für meine Problemchen interessieren oder mich nachts von der Party abholen, wenn ich einen über den Durst getrunken habe. Klar, auch in einer lockeren Liaison ist es schön, wenn es so ist, aber erwarten darf man es von dem anderen nicht. In einer Affäre lautet das Motto eher: Alles kann, nichts muss.

*Sauberer Abgang:* Jede gute Affäre ist irgendwann vorbei, meist, weil einer der Beteiligten jemanden kennengelernt hat, mit dem er sich etwas Festes wünscht. Das ist auch völlig okay, wer eine Affäre beginnt, muss immer damit rechnen, dass das früher oder später passieren wird. Trotzdem sollte man einen fairen Schlussstrich ziehen, wenn es so weit ist. Schließlich haben beide Beteiligten eine gute Zeit miteinander verbracht und sind sich – zumindest in einigen Bereichen – ganz schön nahegekommen. Da muss am Ende doch kein Glas zerschlagen werden.

# Anzeichen dafür, dass die Affäre Beziehungspotential hat

Die ersten Dates waren toll, und auch im Bett haben die Funken gesprüht – ob daraus nur eine lockere Sache oder eine ernsthafte Beziehung wird, verraten von Beginn an ein paar Indizien. Natürlich wäre es am einfachsten, offen und ehrlich miteinander zu reden und sich mitzuteilen, wie man sich das Ganze so vorstellt. Aber leider ist das mit dem Reden und der Liebe oft so eine Sache – gerade am Anfang, wenn man sich noch nicht wirklich gut kennt, tun sich viele mit der Kommunikation schwer. Wer aber Schmetterlinge im Bauch hat und gerne wissen möchte, wie es bei dem potentiellen Traummann diesbezüglich so aussieht, sollte auf folgende Anzeichen achten:

*Pläne über Pläne:* Spricht er bei jedem Date davon, was man als Nächstes unternehmen könnte, und bezieht sich das nicht ausschließlich auf Beschäftigungen in der Horizontalen, dann ist das ein eindeutiges Signal, dass Interesse besteht – zumindest an einem näheren Kennenlernen. Was sich daraus entwickelt, das bleibt ja in jedem Fall abzuwarten.

*Kuschelprogramm:* Am Freitagabend geht es nicht jedes Mal auf die Piste oder nur ins Bett, sondern es stehen auch mal Pizza und DVD-Gucken auf dem Programm? Das macht ein Mann definitiv nicht mit irgendeiner Sexgespielin.

*Vorstellungsrunde:* Sein Betthäschen stellt ein Mann wohl kaum der Mutti und den besten Kumpels vor. Eine Frau, mit der er sich mehr vorstellen kann, dagegen schon. In der Regel tun sich die Herren der Schöpfung mit einer derartigen Demonstration von Verbindlichkeit schwerer als Frauen. Somit darf das schon als gutes Zeichen gewertet werden, wenn du plötzlich den Inner Circle kennenlernst.

*Engagement:* Dein Fahrrad ist kaputt, und schon steht er mit einem Schraubenschlüssel bewaffnet parat? Auf die Hochzeit der nervigen Cousine möchtest du nicht alleine gehen, um nicht wieder am Singletisch zu landen, und er schlüpft, ohne zu murren, in seinen besten Anzug? Keine Frage, das sind deutliche Signale, dass ihm mehr an der ganzen Sache liegt.

*Sex mit Verlängerung:* Nach dem Liebesspiel pennt er weder ein, noch packt er seine Sachen zusammen? Gut so, denn wird ein Mann nach dem Sex kuschelbedürftig, bedeutet ihm seine Bettgefährtin mehr.

*Keine falsche Scham!* Ein gutes Anzeichen dafür, dass die Affäre auf dem besten Wege zur Beziehung ist, ist die Tatsache, dass einem voreinander fast nichts mehr peinlich ist. Einfach, weil schon ein hohes Maß an Vertrautheit vorhanden ist. Da ist es nicht so schlimm, wenn man mal gemeinsam auf einer Party abstürzt oder sich beim Karaoke-Singen mit Freunden so richtig blamiert. Gemeinsam lachen können ist meiner Ansicht nach eh das A und O einer guten Beziehung – und je eher man das testet, umso besser!

*Krankenpflege:* Wer krank und elend auf der Couch liegt, würde wohl kaum wollen, dass die lockere Affäre ihm Hühnersuppe vorbeibringt und ihn in diesem Zustand sieht. Ist der Beziehungsstand aber schon über diesen Status hinaus, dann freut man sich über die liebevolle Zuwendung des anderen.

*Die Akte Ex:* Während beim ersten Date das Thema Ex ein absolutes Tabu ist und du einer lockeren Affäre in der Regel auch keine Storys über die Verflossenen auftischst, erzählt man sich dann doch ein bisschen mehr, wenn sich eine Beziehung anbahnt. Du möchtest die andere Person besser kennenlernen, und da gehört die amouröse Vergangenheit nun mal dazu.

# 4. Frisch zusammen – und was nun?

Hach, jedem Anfang wohnt ein Zauber inne. Obwohl du selbst schon gar nicht mehr gewagt hast, daran zu glauben, hast du dich tapfer durch den fiesen Singledschungel geschlagen und nun endlich einen tollen Mann kennengelernt. Herzchen im Blick, Schmetterlinge im Bauch und Stromschläge in der Lendengegend – keine Frage, das bedeutet: Du bist frisch verliebt! Und das Beste: Ihm geht es genauso. Der Status ist geklärt, hier geht es um ernsthafte Gefühle und keine lockere Affäre. Für diesen Zustand lautet die oberste Regel: genießen. Denn es fühlt sich herrlich an, auf Wattewölkchen durchs Leben zu tapsen, ständig gute Laune und ein dauerseliges Grinsen im Gesicht zu haben und mit total wenig Schlaf auszukommen. Um diese erste Rosarote-Brillen-Phase nicht zu gefährden, sondern sie mit allen Sinnen genießen zu können, helfen ein paar einfache Dinge, die aus dem zarten Pflänzchen der Liebe ein starkes Fundament machen sollen.

## Tipps für die erste Liebesphase

Die Anfangsphase einer Beziehung ist meistens von einer großen Portion Euphorie geprägt. Da läuten nach kurzer Zeit im Geiste schon Hochzeitsglocken, in Gedanken werden

Kindernamen ausgesucht, und das Gefühl, das alles solle für immer so bleiben, bestimmt unsere Gedanken. Gegen ein bisschen Euphorie und Hochgefühl ist natürlich absolut nichts einzuwenden – wann, wenn nicht in einer derartigen Situation, darf man im Leben so schön ausflippen? Es ist schließlich wissenschaftlich bewiesen, dass der Hormoncocktail, der fürs Verliebtsein verantwortlich ist, gleichzeitig dafür sorgt, dass unser Geisteszustand vorübergehend dem einer komplett Unzurechnungsfähigen ähnelt. Wir sind sozusagen blind und doof vor Liebe …

So war es bei mir und Tom, ihr erinnert euch an das herrlich unspektakuläre erste Date in einer Kaffeebar, das mit einem grandiosen Kuss endete? Bei unserem zweiten Date, als mir schon klar war, dass ich diesen Mann unbedingt behalten möchte, eröffnete er mir, dass er mit seiner kranken Ex in einem Haus wohnt und wir uns deswegen leider niemals bei ihm treffen könnten. Obwohl an dieser Stelle alle Alarmglocken hätten läuten sollen, war ich bereits so verliebt, dass ich dachte, dass diese Hürde keineswegs unserer Liebe im Weg stehen könne. Ich habe mir über die Konsequenzen zu diesem Zeitpunkt überhaupt keine Gedanken gemacht, denn ich war wirklich blind vor Liebe. Und dass sich Monate später die kranke Ex wie gesagt als kranke Ehefrau entpuppen sollte, habe ich zu dem Zeitpunkt noch nicht ansatzweise geahnt.

Generell können gerade in dieser ersten Verliebtheitsphase einige Stolpersteine auftauchen, die wesentlich harmloser sind als die bei Tom und mir, schließlich kennt man den neuen Partner noch nicht besonders gut. Wer ein paar Dinge beachtet, kann diese doofen Hindernisse allerdings ganz easy umschiffen und einfach nur von ganzem Herzen frisch verliebt sein. Ich wünschte mir im Nachhinein, ich hätte sie mir mehr zu Herzen genommen …

*Wünsch dir was!* Gerade am Anfang ist es wichtig, deine Wünsche, Bedürfnisse und Vorstellungen deutlich zu formulieren. Der andere kennt dich schließlich noch nicht wirklich gut und kann schlecht Gedanken lesen. Vor allem Frauen neigen dazu, aus Angst, kompliziert rüberzukommen, lieber die Klappe zu halten, als zu sagen, was sie wollen und was nicht. Das ist auf Dauer leider ziemlich kontraproduktiv, denn auf diese Weise wird es früher oder später zu Missverständnissen kommen. Ehrlichkeit und Offenheit sind die Grundpfeiler einer funktionierenden Partnerschaft, das ist einfach so. Das gilt natürlich für alle Lebensbereiche. So ist es absolut richtig, auch im Bett sofort anzusprechen, wenn dir etwas nicht gefällt. Ich konnte das lange Zeit nicht gut (siehe Tom!), weil ich so fixiert auf die Hoffnung war, dass das was Ernsthaftes werden könnte, dass ich unbedingt locker und unkompliziert wirken wollte. Heute weiß ich, dass man mit locker und unkompliziert nicht weit kommt und dass es wichtig ist, klar zu formulieren, was man möchte und was nicht.

*Ohren auf!* Möchte man jemanden besser kennenlernen, ist es natürlich hilfreich, so viel wie möglich über ihn zu erfahren. Wenn der neue Freund also etwas über sich erzählt, bitte nicht ausschließlich gebannt auf seinen schönen Mund starren und daran denken, wie gern man diese Lippen jetzt küssen würde, sondern auch mal zuhören. Und natürlich auch nachhaken, denn das Interesse aneinander ist schließlich die Basis für das Ganze. Ein weiterer Vorteil: Wer dem Liebsten aufmerksam zuhört, stolpert später nicht in sämtliche Fettnäpfchen. (So wie ich, die ich deswegen gerne gewisse Dinge zwei- oder gar dreimal gefragt habe und der betreffende Mann zu Recht beleidigt war.)

*Auf das Bauchgefühl hören:* Wie viel man in welchem Tempo in einer neuen Beziehung von sich preisgibt, hängt immer davon ab, wie schnell man sich vertraut. Das ist von Fall zu Fall verschieden, man sollte einfach auf sein Bauchgefühl hören. Das verrät einem schon, wann man sich dem neuen Schatz öffnen möchte.

*Ohne Kompromisse geht's nicht:* In einer Beziehung geht es darum, dass zwei Menschen glücklich und zufrieden sind. Wie bei allen anderen Formen des zwischenmenschlichen Beisammenseins sind Kompromisse wirklich wichtig. Klar hat jeder eigene Ansichten und Bedürfnisse – und die sollten beide Partner auch äußern können. Schließlich ist es keine Option, zu einer »Wir-Person« zu verschmelzen, nur weil man Bett und Alltag jetzt teilt. Ich plädiere absolut dafür, dass man auch in einer Beziehung man selbst bleibt. Allerdings darf das nicht bedeuten, dass man total egomäßig stur seinen eigenen Stiefel durchzieht. Es geht jetzt auch darum, dafür zu sorgen, dass sich der Partner wohl fühlt. Und da muss man halt auch mal zurückstecken …

*Zu viele Kompromisse sind kontraproduktiv:* Zwischen auch mal zurückstecken und sich selbst total zurückzunehmen und mehr oder weniger verleugnen besteht ein großer Unterschied. So wichtig Entgegenkommen und Kompromisse für eine harmonische Beziehung sind, so bescheuert ist es, nur noch zu allem ja und amen zu sagen – nur, weil man denkt, den Partner anders nicht halten zu können. Ist ein Mann mit einer Frau zusammen, dann sollte das so sein, weil er sie gut findet, so wie sie ist. Auch mit ihren Ecken und Kanten. Daher sollte ich jederzeit sagen können, wenn mir etwas nicht passt oder ich andere Vorstellungen habe. Ansonsten bin ich irgendwann unglücklich, weil ich ständig dabei bin, mich zu verbiegen.

Ich war lange Zeit die Königin des Verbiegens und bin regelmäßig in verschiedene Rollen geschlüpft, die meiner Meinung nach zu dem betreffenden Mann gut gepasst hätten. Es hat immer ein paar Wochen gedauert, bis ich gemerkt habe, wie wahnsinnig anstrengend dieses Verbiegen ist. Und dass ich ja eigentlich schon dafür geliebt werden möchte, wer ich bin! Daher: Kompromisse ja, ständig zurückstecken nein.

*Wie viel Nähe ist gesund?* In der ersten Verliebtheitsphase ist (körperliche) Nähe total wichtig, und man möchte am liebsten rund um die Uhr mit dem neuen Partner zusammen sein. Kaum verabschiedet, hängt man schon wieder am Telefon oder schreibt sich verliebte SMS. Das ist ganz normal und irgendwie auch süß, dennoch ist ein gesundes Nähe-Distanz-Verhältnis wichtig. 24/7 aufeinanderzuglucken ist nicht wirklich gesund für die Beziehung. Außerdem sollte man für keinen Kerl der Welt seine Freunde vernachlässigen. Das ist eine Regel, die ich mir schon immer zu Herzen genommen habe, denn die gute alte Weisheit »Männer kommen und gehen, echte Freunde bleiben für immer« stimmt nun mal. Ich finde nichts schlimmer, als all seine Lieben zu vernachlässigen, nur weil man auf Wolke sieben schwebt, um dann, sollte die Lovestory schiefgehen, wieder bei den Freunden angekrochen zu kommen. Nein, es ist wichtig, von Anfang an ein gesundes Maß an Nähe zu haben. Wie das konkret auszusehen hat, ist natürlich bei jedem anders, aber ich finde, die Zeit für Mädelsabende oder den obligatorischen Urlaubstrip mit den Freunden muss einfach sein.

*Familienbande:* Klar möchtest du deinen neuen Freund den Eltern, den Geschwistern und überhaupt den Lieben präsentieren. Dagegen spricht auch absolut nichts, denn in einer ernsthaften Beziehung lässt sich das kaum vermeiden. Mehr noch, es ist wirklich schön, wenn der Partner von den Menschen, die dir am wichtigsten sind, akzeptiert und gemocht wird. Dennoch ist es nicht ratsam, diese Vorführrunde zu überstürzen. Die erste Beziehungsphase gehört in erster Linie euch Turteltäubchen. Es gilt, sich näher kennenzulernen und das Fundament der Beziehung zu festigen. Mal davon abgesehen, dass dem Umfeld das Dauergeschäker, das Paare in der Anfangszeit ihrer Beziehung oft an den Tag legen, schnell mal auf die Nerven gehen kann. Den Antrittsbesuch bei Mutti kann man wirklich auf einen späteren Zeitpunkt verschieben.

*Gefühle zeigen:* Um das Liebesband zu festigen, darf man sich ruhig etwas einfallen lassen. Gerade am Anfang ist man sich nämlich oft der Gefühle des neuen Partners noch nicht sicher und freut sich umso mehr, wenn dieser mit kleinen Liebesbotschaften oder schönen Gesten zeigt, wie wichtig man ihm schon ist. Das gilt umgekehrt natürlich auch! Selbstverständlich spricht gar nichts dagegen, solch schöne Gesten und Gewohnheiten auch in einer Beziehung beizubehalten, aber das ist leider eher selten der Fall. Es ist nun mal so: Je frischer die Liebe, desto größer die Motivation, den anderen mit romantischen Aktionen zu überraschen.

*Vergleiche vermeiden:* Kaum etwas ist tödlicher für eine frisch aufkeimende Liebe als der ständige Vergleich mit dem Ex. Erstens sollte einem klar sein, dass dieser den Status Ex wohl eher nicht umsonst hat. Zweitens hat jeder neue Partner es verdient, dass man um seiner selbst willen mit ihm zusammen ist. Ich finde es wahnsinnig respektlos, eine billige Kopie des Ex aus dem Neuen machen zu wollen.

# Die Todsünden einer jungen Liebe

Die Liebe kennt kein Falsch und Richtig? Falsch! Vor allem, weil man in so einer frischen Beziehung ja noch gar nicht von Liebe sprechen kann, sondern in der Regel erst einmal von Verliebtsein. Und da gibt es durchaus ein paar Dinge, die können dieses zarte Liebespflänzchen plattmachen wie eine Dampfwalze.

*Der Satz der Sätze:* Selbstverständlich ist es jedem selbst überlassen, wann er seinem Partner das erste Mal »Ich liebe dich« ins Ohr haucht. Es gibt keinen »richtigen« Zeitpunkt. Aber es ist nun mal so, dass – egal, wie viele Schmetterlinge von Anfang an im Bauch herumflattern – Liebe erst wachsen muss. Daher ist es keine gute Idee, diese gewichtigen Worte schon in einem sehr frühen Stadium der Beziehung herauszulassen. Das setzt den Partner unter Umständen unter Druck, und er fühlt sich verpflichtet, es zu erwidern, obwohl er vielleicht noch gar nicht so weit ist. Mein Tipp: einfach auf den Bauch hören. Der verrät dir schon, wann der passende Moment gekommen ist.

Ebenfalls vorsichtig sein sollte man mit einem inflationären Gebrauch dieses Satzes. Auch, wenn ihr euch schon gesagt habt, dass ihr euch liebt, solltet ihr das nicht 111-mal am Tag tun. Ich finde durchaus, dass sich diese wunderbaren drei Wörter abnutzen können – und irgendwann sagt man sie so automatisch, dass sie gar nichts Besonderes mehr sind. Und das sollten sie doch unter allen Umständen immer bleiben!

*Immer schön auf dem Teppich bleiben:* Juhu, du wandelst nicht mehr auf Solopfaden durchs Leben, sondern bist zu einem »Wir« geworden. Das ist schön – und es ist ganz normal, Erwartungen an diese Beziehung und an den Traumtypen zu haben. Allerdings sollte man es mit diesen Erwartungen nicht übertreiben. Nur, weil man jetzt Teil einer Beziehung ist, ist der Partner nicht plötzlich komplett für das eigene Lebensglück verantwortlich. Der arme Kerl ist kein Alle-Wünsche-von-den-Augen-Ableser, auch wenn es natürlich schön ist, sich gegenseitig zu verwöhnen. Aber alles in Maßen. Überzogene Erwartungen können letztendlich nur enttäuscht werden – und der Stress ist vorprogrammiert.

*Zukunftsterror:* Da ist man gerade mal ein paar Wochen zusammen, und schon fängt einer von beiden an, weitreichende Zukunftspläne zu schmieden? Kind, Haus, Hochzeit, Hund – alles schön und gut, aber dafür ist es definitiv noch zu früh. Alles zu seiner Zeit! Ich persönlich finde es auch immer etwas schwierig, wenn Paare sehr früh zusammenziehen. Einfach, weil ich denke, dass es schade ist, die herrlich unbeschwerte Anfangszeit mit nervigen Alltagsproblemen zu beschweren. Aber das muss natürlich jedes Paar selbst wissen.

*Schluffi-Modus:* Natürlich sollte man sich vor seinem Partner von Anfang an ungeschminkt und in der Joggingbuxe zeigen können. Ich halte absolut nichts davon, wenn vor allem Frauen den Standpunkt vertreten, nur geschminkt mit der perfekten Frisur unter die Augen des neuen Freundes treten zu können. Ist ein Mann verliebt, dann stören ihn auch ungeschminkte Tatsachen nicht. Allerdings ist das kein Freifahrtschein, mich komplett gehenzulassen, nur weil ich endlich unter der Haube bin. Sich für den Liebsten etwas Mühe zu geben sollte schon drin sein. Ausschließlich auf der Couch rumfloddern kann man ja auch nach der goldenen Hochzeit noch …

## So bleibt die Beziehung frisch

So schön es auch ist, frisch verliebt zu sein, irgendwann wird der Blick durch die rosarote Brille etwas weniger rosa und etwas mehr Realität. Es ist ganz normal, dass sich mit der Zeit der Alltag einschleicht und man sich zumindest teilweise von Wolke sieben hinunterbewegen muss. Ich finde, das ist kein Grund, zu jammern. Im Gegenteil, ich mag es, wenn die erste, unsichere, flatterhafte Verliebtheit einer gefestigten Liebes-routine weicht, wobei Routine hier nicht im negativen Sinne gemeint ist. Ich finde einfach die Vertrautheit schön und das Gefühl, sich endgültig zueinander zu bekennen. Und es be-deutet ja nicht automatisch, dass die Beziehung mit der Zeit langweiliger werden muss. Es gibt ein paar simple Tricks, die helfen, die Liebe frisch zu halten.

*Kommunikation:* Wie in jedem anderen Stadium einer Liebes-geschichte auch, ist es unerlässlich, den Mund aufzumachen und offen und ehrlich über alles zu sprechen. Über Dinge, die man in der Beziehung gut findet, ebenso wie über die, die ei-nen nerven. Ein regelmäßiger Austausch sorgt dafür, dass sich ungute Gefühle gar nicht erst aufstauen.

*Rituale für die Liebe:* Klingt kitschig, ist meiner Ansicht nach aber wichtig: Gemeinsame Rituale stärken die Bezie-hung. Ob es nun der allabendliche Gute-Nacht-Anruf ist, der immer erfolgt, wenn man sich nicht sehen kann, oder das ge-meinsame Sonntagsfrühstück im Café, die feste Regelmäßig-keit sorgt dafür, dass man stets an seiner Beziehung »arbei-tet«. Und es besteht nicht die Gefahr, dass man sich auseinan-derlebt, wenn man beispielsweise hin und wieder mal für eine Zeit räumlich getrennt ist.

*Das Positive im Auge behalten:* Ich denke, jeder, der bereits länger mit seinem Partner zusammen ist, kann bestätigen, dass es Dinge am Liebsten gibt, die nerven können. Das ist ganz normal, es herrscht nun mal nicht durchgehend eitel Sonnenschein. Dennoch sollte ich mir stets die guten Eigenschaften des anderen vor Augen halten, die Seiten des Partners, in die ich mich verliebt habe. Nobody is perfect, aber es gibt schließlich gute Gründe, warum ich gerade mit diesem einen Menschen zusammen bin. Und auch, wenn er zum zehnten Mal hintereinander den Müll nicht rausgetragen hat oder mal wieder grundlos eifersüchtig gewesen ist, er hält auch in harten Zeiten zu mir und ist für mich da. Er bringt mich immer wieder zum Lachen und tröstet mich, wenn sich die Welt mal wieder gegen mich verschworen hat. Das ist definitiv wichtiger als diese Marotten, die ja eigentlich jeder in irgendeiner Form hat.

*Die Schmetterlinge wieder zum Tanzen bringen:* Wenn die Beziehung zwischendurch manchmal etwas eingefahren scheint, ist es eine gute Idee, sich wieder die erste Verliebtheit in Erinnerung zu rufen. Dabei hilft es, sich mal wieder Fotos anzugucken, die einen als frisch verliebte Lovebirds zeigen, oder Songs anzuhören, die man mit dem Partner verbindet. Ist simpel, aber durchaus effektiv.

*Termine frei halten:* Klar siehst du in der Regel den Liebsten oft, beispielsweise morgens beim ersten Kaffee oder abends auf der Couch. Damit die Liebe frisch bleibt, ist es aber wichtig, sich weiterhin richtig zu verabreden – so wie ihr es am Anfang der Beziehung gemacht habt. Ein romantisches Dinner oder ein spontaner Kurztrip schaffen neue Freiräume für die Quality-Time zu zweit und sorgen dafür, dass ihr euch weiterhin als Paar fühlt und den anderen nicht für selbstverständlich nehmt.

*Nie die Selbstliebe vergessen:* Um dem Liebsten ein guter

Partner zu sein, sollte man mit sich im Reinen sein. Ansonsten läuft man Gefahr, eigene Unzufriedenheiten auf ihn zu projizieren. Wer sich genügend Zeit für sich nimmt, um seine eigenen Interessen zu pflegen, hat auch genug Power, um diese in die Beziehung zu investieren.

## So funktioniert eine Fernbeziehung

Studien zufolge führen über 13 Prozent der Deutschen eine Fernbeziehung. Sei es dem Job geschuldet oder der Tatsache, dass man sich im Urlaub kennengelernt hat, räumlich voneinander getrennt zu sein ist in der heutigen Zeit keine Seltenheit. Während manche Paare gut damit klarkommen und teilweise sogar Vorteile darin erkennen können, ist es für andere eine Qual, sich immer wieder vom Liebsten verabschieden zu müssen. Klar ist es heute dank Smartphone und Internet nicht mehr so schwierig, auch über die Ferne am Leben des Partners teilzunehmen, dennoch kann die Distanz zu Problemen führen. Es gibt ein paar Dinge, die den Liebenden die Situation erleichtern können.

*Die Tatsache an sich akzeptieren:* So hart es klingt, ständig zu jammern hilft nicht. Wer sein Herz an einen Mann verschenkt hat, der zufällig etwas weiter weg wohnt, sollte sich – zumindest zunächst – damit arrangieren. Erstens muss das Ganze ja nicht auf Dauer sein, und zweitens gilt es, das Beste aus der Situation zu machen. Ich persönlich finde Liebe auf Distanz nicht sonderlich wünschenswert, allerdings weiß ich auch, wie schwer es heute überhaupt ist, den richten Kerl zu finden. Und wenn der Gute nun mal in München wohnt und ich in Berlin, dann ist es die Sache trotzdem wert, dass man in sie investiert – solange die Gefühle stimmen, aber das versteht sich von selbst. Es gibt nun mal Gründe, die zumindest derzeit dafür sorgen, dass man nicht in derselben Stadt wohnt.

Ich habe beispielsweise in München studiert und mein damaliger Freund Marius in Bayreuth. Das war bereits so, als wir uns bei einem Urlaub auf Malta kennengelernt haben, an dieser Tatsache gab es einfach nichts zu rütteln. Das hat es für mich einfacher gemacht, als wenn wir uns in einer Stadt kennengelernt hätten und dann auseinandergezogen wären.

*Vertrauen ist die Basis:* Keine Frage, Vertrauen ist in einer Beziehung so oder so immens wichtig. Trennen dich allerdings Hunderte von Kilometern von der besseren Hälfte, dann ist es besonders wichtig, dass ihr euch gegenseitig vertraut. Auch, wenn ihr ständig in Kontakt steht, kannst du nun mal nie sicher wissen, was der Partner gerade macht oder wen er trifft. Bist du dir nicht sicher, dass er keine Dummheiten macht, dann wird jeder Tag zur Qual. Im Gegenzug kann ein übereifersüchtiger Partner, der dich ständig mit Kontrollanrufen bombardiert, auch schwierig werden. Hier helfen nur eine große Portion Gelassenheit und – wie gesagt – das nötige Vertrauen.

Bei meiner Freundin Linda war dieses fehlende Vertrauen übrigens der Grund, warum ihre Beziehung die Distanz nicht überstanden hat. Obwohl ihr Liebster wirklich keinen Grund für übertriebene Eifersucht gegeben hatte, hatte sie durchgehend fieses Kopfkino und stellte sich dauernd vor, er hätte ein paralleles Liebesleben in seiner Heimatstadt. Hatte er nicht, aber irgendwann hielt er die Kontrolle einfach nicht mehr aus und trennte sich.

*Nähe schaffen trotz Ferne:* Ohne Nähe und Intimität kann keine Beziehung funktionieren, auch wenn das nicht automatisch körperliche Nähe bedeuten muss. Auch, wenn man zwangsweise in verschiedenen Städten wohnt und somit – zumindest unter der Woche – sein eigenes Leben lebt, ist es wichtig, dass der Partner dennoch ein Teil dieses Lebens ist. Das geschieht dadurch, dass man ihn via Telefon, Skype oder Mail darüber auf dem Laufenden hält, was im Alltag so passiert, wen man trifft, was die Wünsche und Ärgernisse sind. Somit besteht nicht die Gefahr, dass sich der Liebste ausgeschlossen fühlt, grundlos eifersüchtig ist oder man sich auseinanderlebt.

*Nicht zu großen Druck machen:* Es ist verständlich, dass du möchtest, dass jedes Treffen einfach perfekt ist – eben weil ihr euch so selten sieht. Und so wachsen vor jedem gemeinsamen Wochenende die Erwartungen ins Unermessliche. Gerade Frauen neigen dazu, sich im Kopf schon die perfekte 48-Stunden-Lovestory auszumalen und die Zeit generalstabsmäßig zu planen. Doch genau darin liegt die Krux. Dank dieser riesigen Erwartungen liegt die Chance hoch, dass nicht alles so läuft, wie du es dir vorgestellt hast, und dementsprechend groß ist die Enttäuschung. Außerdem geht jegliche Leichtigkeit und Spontaneität flöten, wenn ihr am Montag schon festlegt, was am Samstag auf dem Programm stehen muss. Also lieber Vorfreude als Erwartungsdruck, dann kann das Liebeswochenende eigentlich nur himmlisch werden …

Das wurde mir bestätigt, als ich bei meiner Fernbeziehung damals einfach die Erwartungen runterschraubte und nicht mehr bereits am Donnerstag einen strikten Plan für das gemeinsame Wochenende aufstellte. So haben Marius und ich beispielsweise ein ganzes Wochenende in seiner Wohnung verbracht, obwohl draußen das schönste Wetter war und wir tausend tolle Dinge hätten unternehmen können. Was soll ich sagen, dieses verpennte und verschmuste Wochenende war das schönste, das wir zusammen hatten.

*Dates ausmachen:* Ganz ohne Organisation geht es in einer Fernbeziehung natürlich nicht, schließlich muss ja irgendwie vereinbart werden, wann und wo man sich das nächste Mal sieht. Macht man gleich beim Abschied den Termin für das nächste Wiedersehen fix, dann weicht der Trennungsschmerz gleich einer guten Portion Vorfreude. Die Wartezeit bis zum nächsten »richtigen« Treffen kann am besten mit Fern-Dates überbrückt werden – und das ist ja dank Skype oder Facetime heute kein Problem mehr.

*Immer schön gerecht bleiben:* Bei dir oder bei mir? Diese Frage stellt sich bei Distanzpaaren natürlich immer wieder aufs Neue. Bevor es zu Unstimmigkeiten kommt, weil sich einer von beiden immer als der Depp fühlt, der die weite Reise zum Schatz antreten darf, sollte man darauf achten, dass das Ganze so ausgewogen wie möglich ist. Das vermeidet auch den nächsten Streitpunkt, zu dem es kommen kann, nämlich über das liebe Geld. Muss einer von beiden häufiger in das Auto, das Flugzeug oder den Zug steigen und teilt man sich nicht von Anfang an die Kosten, kann das früher oder später zum Streit führen.

*Gemeinsame Ziele verbinden:* Die nächste große Reise, das gemeinsame Weihnachtsfest, ein spontaner Kurztrip nach Paris – das sind nur ein paar Dinge, die ihr gemeinsam planen könnt, um das Zusammengehörigkeitsgefühl zu stärken. Langfristig kann es räumlich getrennten Paaren helfen, über größere Ziele wie Hochzeit oder Kinder zu sprechen – auch wenn sie vielleicht noch in weiter Ferne liegen. Aber darüber zu reden und sich die gemeinsame Zukunft auszumalen zeigt dem anderen, dass er ein wichtiger Teil des eigenen Lebens ist – und es auch in Zukunft sein wird.

*Happy End:* So entspannt und gelassen man mit der Liebe auf Distanz vielleicht auch umgehen mag, im besten Fall sollte die räumliche Trennung irgendwann ein Ende haben. Und dieses Ziel sollte man auch nie aus den Augen verlieren oder unter den Teppich kehren. Natürlich hängt das von zahlreichen Faktoren wie beispielsweise dem Job ab, aber wer zusammen sein möchte, sollte dafür auch etwas investieren. Damit keiner am Ende das Gefühl hat, mehr aufgegeben zu haben, entscheiden sich viele Paare für einen Neustart in einer ganz anderen Stadt.

# 5. Streiten will gelernt sein

Egal, ob Fernbeziehung oder Liebe am selben Ort, früher oder später hängt der Himmel nicht mehr ausschließlich voller Geigen, und die rosarote Brille bekommt den einen oder anderen Kratzer ab. Zieht der Alltag in die Liebe ein – und mit ihm der Stress und die Anforderungen des täglichen Lebens –, können schon mal die Fetzen fliegen. Und das ist meiner Ansicht nach ganz normal, denn Streit gehört zu zwischenmenschlichen Beziehungen dazu. Mir sind Paare total suspekt, die sich damit brüsten, niemals zu streiten. Es ist doch völlig normal, dass ich auf denjenigen, den ich liebe und der mir so nahe ist, auch mal so richtig wütend bin. Denn je wichtiger ein Mensch mir ist, desto intensiver kann er mich verletzen. Man sagt schließlich nicht umsonst, dass Liebe und Hass ziemlich nahe beieinanderliegen. Das soll an dieser Stelle natürlich keine Aufforderung dazu sein, Schatzi regelmäßig mit unbändigem Hass zu verfolgen, nur weil der den Müll nicht runtergebracht hat. Aber es ist durchaus gesund, angestaute Emotionen hin und wieder mal in einem konstruktiven Streit rauszulassen. Ein Gewitter kann äußerst reinigend sein, und anschließend strahlt der Liebeshimmel wieder blitzeblank. Allerdings gibt es ein paar Richtlinien, die man beim Streiten besser beachten sollte:

*Bestandsaufnahme:* Bevor es richtig losgeht, schadet es nicht, erst einmal in sich hineinzuhören und abzuchecken, warum man eigentlich so sauer ist. Worum geht es einem wirklich? Gibt es einen Grund, mit dem Liebsten zu streiten, oder möchte man einfach nur seine schlechte Laune an ihm auslassen? Dazu neigen meiner Meinung vor allem Frauen. Zumindest ich tue das. Ich habe wirklich nicht oft schlechte Laune, ist es aber so, dann bin ich nicht gefeit dagegen, sie an meinem Partner auszulassen. Ich warte dann nur auf ein vermeintlich falsches Wort, das der arme Kerl von sich gibt, um dann meinen Frust bei ihm abzuladen. Da ich aber ein großer Fan von Gerechtigkeit bin, arbeite ich daran, erst einmal tief durchzuatmen und mir klarzumachen, dass es völlig verkehrt wäre, jetzt einen ungerechtfertigten Streit vom Zaun zu brechen.

*Einer nach dem anderen:* Keine Frage, sich gegenseitig wie die Blöden anzuschreien und völlig niederzumachen ist nicht nur bescheuert, sondern auch nicht ansatzweise zielführend. Deshalb schön die Emotionen unter Kontrolle halten und den anderen auch zu Wort kommen lassen. Nur, wenn beide ihre Standpunkte vertreten können, kann letztendlich ein Kompromiss gefunden werden. Ich denke, jeder, der schon mal zehn Minuten durchgebrüllt oder gar Geschirr an die Wand geschmissen hat, weiß, wie doof man sich danach vorkommt.

*Etwas mehr Sachlichkeit, bitte!* Hand aufs Herz, wer kann schon bei einem Streit mit einer Person, die einem sehr nahesteht, immer sachlich bleiben? Manchmal gehen einfach die Gäule mit einem durch, und man könnte seine bessere Hälfte einfach nur an die Wand klatschen. Oder man schmeißt das teure Erbporzellan des Liebsten an die Wand, wie ich es mit 17 in einem dramatischen Anfall bei meinem ersten Freund Michi gemacht habe. Ich bin mir heute sicher, dass er nichts

Schlimmes gesagt hat, was mich nicht davon abgehalten hat, diese Szene abzuziehen. Klarer Fall von Drama um des Dramas willen.

Obwohl der Grund für den Streit meistens ein ganz anderer ist, macht man den armen Kerl auf einmal für das schlechte Wetter, die Tatsache, dass das Lieblingsshirt nicht mehr passt, und den mangelnden Weltfrieden verantwortlich. Sorry, aber fair geht anders. Also besser immer schön sachlich bleiben.

*Subjektivität statt Verallgemeinerung:* Bei einem konstruktiven Streit geht es darum, dem Partner zu vermitteln, was einen selbst stört und was man möchte, dass es sich ändert. Kritik also am besten wie folgt formulieren: »Ich finde es nicht gut, dass du XY gemacht hast.« Oder: »Ich wünsche mir, dass du in Zukunft XY änderst.« Es ist nicht gerade zielführend, das halbe Umfeld noch in die Kritik mit einzubeziehen und dem Liebsten Sätze wie »Meine Freundinnen finden übrigens auch scheiße, dass du immer XY machst« um die Ohren zu hauen. Ein Streit in einer Partnerschaft sollte bitte eine Sache zwischen den beiden Beteiligten bleiben. Es geht darum, konkret zu formulieren, was einen stört, Verallgemeinerungen helfen an dieser Stelle keinem weiter.

*Der richtige Ort und das passende Timing:* Klar, Wut und Ärger in sich hineinzufressen ist nicht gesund. Bevor man aber mit dem Donnerwetter loslegt, sollte man schon darauf achten, dass der Ort und der Zeitpunkt passend sind. Ich finde nichts schlimmer als Paare, die ihre Grabenkämpfe mit Vorliebe in der Öffentlichkeit austragen und ihre Freunde praktisch dazu zwingen, Publikum oder gar Schiedsrichter zu spielen. Andere so mit in die Beziehungsquerelen hineinzuziehen ist echt nicht die feine englische Art. Ein Streit gehört in einen privaten Rahmen und nicht auf die große Bühne. Auch auf den Zeitpunkt sollte so weit wie möglich Rücksicht genommen werden. Wenn ich weiß, dass mein Freund morgen eine wichtige Prüfung oder ein Vorstellungsgespräch hat oder es einem Familienmitglied akut schlechtgeht, dann fange ich nicht wegen einer Kleinigkeit einen Riesenstreit an. Jemanden zu lieben heißt auch, auf diese Person Rücksicht zu nehmen.

*Keine Beschimpfungen:* Wenn ich manchmal mitbekomme, wie sich Menschen, die sich doch eigentlich lieben, beschimpfen, wenn sie streiten, wird mir ganz anders. Da werden Schimpfworte rausgekramt, und es wird total unter der Gürtellinie argumentiert. Hallo, meiner Meinung nach geht das gar nicht! Denn auch, wenn man sich sehr vertraut ist und der Umgangston flapsiger wird als zu Beginn der Beziehung, hat der Partner es selbstverständlich verdient, immer mit Respekt behandelt zu werden! Auch, wenn ich fluchen kann wie der berüchtigte Bierkutscher, habe ich noch nie einen Partner mit einem Schimpfwort bedacht. Nicht einmal Tom, der das Wort Arschloch definitiv verdient gehabt hätte.

*Keine Drohungen/Erpressungen:* »Wenn du das machst, verlasse ich dich!« Nicht selten lässt man sich im Eifer des Gefechts zu wüsten Drohungen hinreißen. Dabei ist die Chance groß, dass man das später bereuen wird. Besser sämtliche emotionalen Erpressungen runterschlucken und sich erst einmal abregen. Davon kann meine Freundin Alisa ein Lied singen. Sie hat ihrem langjährigen Freund so oft im Streit angedroht, ihn zu verlassen, bis er eines Tages die Schnauze voll hatte und das Ganze selbst in die Hand genommen hat.

*Jetzt isses aber wieder gut!* So wichtig ein gesunder Streit für das Klima in der Beziehung auch sein mag, irgendwann muss auch mal wieder Frieden einkehren. Und das geht nicht, wenn einer von beiden total nachtragend ist und ewig einen auf beleidigte Leberwurst macht. Während die Fetzen fliegen, dürfen alle Wut und alle Emotionen raus, es darf geschrien und, wenn es sein muss, auch mal die eine oder andere Tasse geschmissen werden (natürlich nur in privatem Ambiente!), aber dann muss es auch wieder gut sein. Wenn wir ehrlich sind, ist die Versöhnung doch eh das Beste an einem Streit!

# 6. SOS-Maßnahmen, um eine angeknackste Beziehung zu retten

Auch, wenn gelegentliches Streiten Schwung in die Beziehung bringen, das Feuer sozusagen neu entfachen kann und der Schlüssel zu wunderbarem Versöhnungssex ist, können natürlich jederzeit Phasen auftreten, in denen aus ein paar harmlosen Streitereien plötzlich eine richtige Liebeskrise entsteht.

Die Ursachen für solche Phasen können total unterschiedlich sein. Vor allem in Langzeitbeziehungen kann es passieren, dass die Gefühle füreinander einer gewissen Routine weichen, alles fühlt sich plötzlich fad und leidenschaftslos an. Mir selbst ist das noch nie passiert – ganz einfach aus dem Grund, weil ich bisher noch keine Beziehung hatte, die so lange ging, dass man zu dem Punkt hätte kommen können, zwei Jahre waren bei mir bisher die Grenze. Aber in meinem direkten Umfeld beobachte ich das immer wieder. Da sind zwei Personen bereits seit vielen Jahren zusammen, gelten im Freundeskreis als das Traumpaar. Als Romeo und Julia, als Pech und Schwefel, von mir aus sogar als Marianne und Michael jenseits der Volksmusik. Und dann plötzlich, peng!, kommt die Nachricht, die beiden hätten sich getrennt. Als Begründung gilt dann meistens: »Wir haben uns einfach auseinandergelebt.« Und ich glaube, da steckt mehr dahinter als eine simple Erklärung, warum so viele Langzeitbeziehungen vor die Hunde gehen.

Am Anfang einer Beziehung – und dazu zähle ich die ersten beiden Jahre – ist alles aufregend, neu und leidenschaftlich. Die Schmetterlinge tanzen noch Tango, wenn man den anderen sieht, und ein paar getrennte Tage können sich ewig anfühlen. Ist man aber erst einmal ein paar Jahre zusammen, dann tanzt da oft kein einziger Schmetterling mehr, und ein paar getrennte Tage können sich wie Urlaub anfühlen. Und das ist normal.

Dieses Ewig-mit-rosaroter-Brille-Rumlaufen, das funktioniert nun mal nur in Schnulzen. Wobei, wenn wir ehrlich sind, kann man das gar nicht behaupten, denn die meisten enden einfach in dem Moment, in dem das Traumpaar endlich zueinandergefunden hat. Oder wer von euch kann sagen, ob in *Pretty Woman* Richard Gere und Julia Roberts wirklich glücklich geworden sind, nachdem er sie eindrucksvoll mit dem Cabrio abgeholt und, mit Rosen bepackt, von der Feuerleiter gepflückt hat? Endlich waren sie zusammen, aber wer sagt, dass sie zwei Tage später nicht schon über rumliegende Socken im Nobel-Apartment des Millionärs gestritten haben? Oder er auf einmal doch Probleme mit ihrer Vergangenheit als Prostituierte bekommen hat?

Oder nehmen wir *Dirty Dancing,* ebenfalls einer der Klassiker unter den weltweit größten Schnulzen. Auch hier gab es ein Happy End, als Patrick Swayze sein »Baby« Jennifer Grey schlussendlich auf der Tanzveranstaltung mit dem Satz »Mein Baby gehört zu mir!« aus den Fängen des gestrengen Herrn Papas befreit hatte und nun sogar von diesem akzeptiert wurde. Johnny und Baby waren glücklich und gnadenlos verliebt – aber wie lange hielt das an? Der Film ist bei dem sexy Abschlusstanz zu Ende, aber in der Realität würde es bei den beiden doch gerade erst losgehen. Die intensive Verliebtheit und die Leidenschaft würden früher oder später zwangsweise Alltagsproblemen weichen. Würde der Arzttochter auf Dauer der Lebensstandard mit einem Tanzlehrer genügen? Was wäre, wenn sein »Baby« dem ehemaligen Frauenhelden irgendwann nicht mehr reichen und er seine schmutzigen Tänze wieder mit anderen Frauen tanzen würde? Tja, das werden wir alles nie erfahren, denn in Büchern und Filmen enden große Liebesgeschichten gerne, bevor der leidige Alltag anfängt.

In der Realität sieht es natürlich etwas anders aus. Selbst, wenn man das Glück hat, sich filmreif zu verlieben und mit dem Partner auf Wolke sieben zu schweben, irgendwann muss man da wieder runter. Ins gemeinsame Leben mit allen Problemen und nervigen Pflichten. Und das nennt man dann wohl Beziehung. Ich dachte früher, diejenigen, die eine Beziehung als harte Arbeit bezeichnen, wären unromantische, spießige Liebeslangweiler. Mittlerweile gebe ich ihnen durchaus recht. Wer mit seinem Partner möglichst lange zusammenbleiben will, muss dafür aktiv etwas tun. Schließlich gilt es, zwei Menschen glücklich zu machen. Und ich denke, das wird in langen Beziehungen oft zum Problem.

Vor allem die Paare, die anfangs wahnsinnig eng zusammengegluckt sind, kriegen später irgendwann einen regelrechten Rappel und wollen endlich wieder auf die eigene Verwirklichung achten. Und brechen unter Umständen deswegen überstürzt aus ihrer Partnerschaft aus – ohne überhaupt zu versuchen, irgendetwas zu ändern. So war es beispielsweise bei meiner Freundin Sina. Sie war seit gefühlt 100 Jahren mit Manuel zusammen, die beiden galten als das Traumpaar schlechthin. Was auch daran lag, dass man die ersten drei Jahre keinen von beiden allein zu fassen bekam, sie waren unzertrennlich. Für unseren ganzen Freundeskreis war sonnenklar, dass die beiden heiraten, süße Kinder kriegen und ihr Leben lang zusammenbleiben würden.

Als Manuel Sina dann wirklich einen romantischen Antrag machte, fing diese an zu weinen. Allerdings nicht aus Rührung, sondern weil ihr bewusst geworden war, dass sie sich selbst über die letzten Jahre total vergessen hatte und gar nicht mehr wusste, was sie vom Leben überhaupt wollte. Es war alles auf Manuel ausgerichtet. Anstatt einfach kurz eine Pause zu nehmen, um in Ruhe herauszufinden, ob sie nur mit den Umständen unglücklich war und ihren Liebsten dennoch noch liebte, schmiss sie erst Manuel den Ring um die Ohren und dann das gemeinsame Leben bzw. die gemeinsame Zukunft hin. Sie gingen getrennte Wege, Sina zunächst einmal erleichtert und motiviert, Manuel kreuzunglücklich. Doch wie es das Klischee so will, wollte sie ihn irgendwann zurück, er dagegen hatte eine andere kennengelernt, mit der er übrigens heute sehr glücklich verheiratet ist. Ich finde, das ist ein gutes Beispiel dafür, was passieren kann, wenn man sich den Problemen, die meist in langen Beziehungen auftreten, nicht stellt, sondern einfach so lange weitermacht, bis einer von beiden (oder beide) keine Lust mehr haben.

Ein weiterer Grund für eine mögliche Beziehungskrise ist ein Seitensprung oder gar eine Affäre. Das kann natürlich mit dem eingeschlafenen Liebesleben in einer Langzeitbeziehung zusammenhängen, muss es aber nicht. Sind wir mal realistisch, Untreue kann in jeder Beziehung vorkommen. Jeder, der behauptet, er würde 100-prozentig niemals fremdgehen, der mag das in dem Moment wahrscheinlich sogar so meinen, aber ich denke, eine Garantie hat man eben nie. Auch nicht, was die eigene Treue angeht.

Fakt ist: Noch nie war Fremdgehen so leicht wie heute – Social Media sei Dank. Flirt-Apps und Seitensprungportale übernehmen die Rolle als virtuelle Verlockung und als herrlich unkomplizierte Fremdgehmöglichkeit. Musste sich ein untreuer Ehemann vor Jahren seine Affäre noch mühselig in der Bar oder im Büro suchen, ist sie heute nur einen Klick weit entfernt. Das Gleiche gilt natürlich für gelangweilte Ehefrauen, die sich eben mal schnell über Tinder & Co. einen Lover suchen können. Verschiedenen Umfragen zufolge bekennen sich in etwa 40 Prozent der deutschen Männer und Frauen dazu, schon mal außerhalb des heimischen Bettes Spaß zu haben. Und eines ist klar: Das Klischee, dass vor allem Männer die schlimmen Seitenspringer seien, gilt schon lange nicht mehr. Frauen betrügen ebenso wie Männer, nur lassen sie sich in der Regel seltener dabei erwischen. Das Klischee von der weiblichen Raffinesse stimmt also durchaus. Der am häufigsten genannte Grund für Untreue ist Langeweile in der eigenen Beziehung bzw. sexuelle Unzufriedenheit.

## Anzeichen dafür, dass der Liebste fremdgehen könnte

*Das Handy mutiert zum Heiligen Gral:* Ich finde, Privatsphäre ist auch in einer Beziehung immens wichtig. Daher würde ich niemals ungefragt das Handy meines Freundes nehmen oder eine seiner E-Mails lesen. Das ist seine Intimsphäre, und die respektiere ich (andersherum erwarte ich das natürlich auch von ihm). Sollte sich der Gute aber plötzlich so verhalten, als wären auf seinem Smartphone wichtige Regierungsunterlagen gespeichert, und das Teil sogar mit auf die Toilette nehmen, dann ist eine Portion Misstrauen gefragt. Ich kenne Männer, die aus diesem Grund ein Zweithandy haben oder einfach ihr Diensthandy für die amourösen Auswärtsspiele benutzen. Das erschwert es für die Frau natürlich immens, dem untreuen Freund auf die Schliche zu kommen.

*Modelallüren:* Gegen ein gepflegtes Äußeres ist natürlich nichts einzuwenden, im Gegenteil. Aber sollte der Partner urplötzlich ständig neue Klamotten kaufen, duften wie noch nie zuvor und gar freiwillig zur Kosmetikerin gehen, dann liegt der Verdacht nahe, dass er sich für eine andere Frau so hübsch macht. Das fällt natürlich noch mehr auf, wenn er in der Beziehung eher der legere, kernige Kerl war, der es nicht für nötig gehalten hat, regelmäßig zum Friseur zu gehen.

*Termine über Termine:* Der Partner, der früher stets wie ein Schießhund auf eine gesunde Work-Life-Balance geachtet hat und dem sein Feierabend absolut heilig war, schiebt auf einmal eine Überstunde nach der anderen? Plötzlich ist er Workaholic anstatt Freizeitjunkie? Dahinter kann entweder ein plötzlicher Motivationsschub aufgrund neu erwachten beruflichen Ehrgeizes stecken – oder eine andere Frau. Die muss nicht zwingend bei ihm im Büro arbeiten, es geht lediglich darum, dass der untreue Kerl gute Ausreden dafür braucht, Zeit mit seiner Gespielin zu verbringen.

*Sex? Das war mal!* Natürlich ist es ganz normal, dass man in einer Beziehung nicht mehr so häufig den Lattenrost quietschen lässt wie in der Anfangsphase. Irgendwann weicht diese hemmungslose Leidenschaft meist einer gemütlichen Vertrautheit. Dennoch finde ich, dass Sex immer eine wichtige Rolle in einer Beziehung spielen sollte – denn passiert im Bett absolut gar nichts mehr, dann lebt man schneller wie Brüderlein und Schwesterlein nebeneinander her. Daher sollte es eigentlich schon normal sein, dass man regelmäßig Lust aufeinander hat.

Zieht sich der Liebste plötzlich total zurück und hat absolut keine Lust mehr auf Sex, Kuscheln und Knutschen, dann ist das kein gutes Zeichen. Klar, es kann immer mal Phasen geben, in denen man nicht so viel Lust auf körperliche Nähe hat – und das kann auch ganz harmlose Gründe haben. Wer beispielsweise Stress im Job oder anderweitigen Kummer hat, der hat verständlicherweise auch mal weniger Lust auf schmutzige Spielchen. Ist dieser Zustand aber von Dauer und der Partner fasst einen gar nicht mehr an, dann dürfen die Alarmglocken schrillen. Denn dann liegt der Verdacht durchaus nahe, dass sich der Liebste die Streicheleinheiten und Orgasmen bei einer anderen Frau abholt.

*Fitnessfreak:* Während der gesamten gemeinsamen Zeit hat der Partner sein kleines Wohlstandsbäuchlein gepflegt und galt im Fitnessstudio als Karteileiche, und plötzlich verwandelt er sich doch glatt in eine Sportskanone? Der Grund hierfür kann natürlich sein, dass er einen Rappel bekommen hat und einfach etwas gesünder leben möchte – kann ja nie schaden. Aber generell ist es schon ein wenig seltsam, wenn Mr. Couch-Potato von heute auf morgen zum Hantel-King mutiert. Ob er da wohl eine weibliche Person beeindrucken will?

*Ein Freund, ein guter Freund:* Dass ein Mann gern Zeit mit seinen Kumpels verbringt, ist völlig normal. Ich persönlich finde es sogar wichtig, dass sich in einer Beziehung beide genügend Raum frei schaufeln, um ihre Freundschaften zu pflegen. Fängt er aber plötzlich an, überdimensional viele Dates mit seinen Freunden zu vereinbaren, dann ist es durchaus denkbar, dass diese als Alibi für eine heimliche Affäre herhalten müssen. Da die Jungs als gute Kumpels das Spiel wahrscheinlich mitspielen werden, ist es meist äußerst schwierig, dem untreuen Lover auf die Schliche zu kommen.

Als ich von Tom mit seiner Ehefrau, die er mir verschwiegen hatte, betrogen wurde, habe ich im Nachhinein erfahren, dass ein Arbeitskollege von ihm als Alibi hergehalten hat. Auch wenn dieser nicht wirklich schuld an der ganzen Misere war, war ich lange Zeit auch auf ihn nicht gut zu sprechen.

Und auch andersherum: Nachdem Tom ja mehrmals unter der Woche bei mir übernachtet und sogar Silvester mit mir gefeiert hatte, war es logisch, dass er seiner Frau irgendeine plausible Erklärung bieten musste, warum er nicht nach Hause kam. Der Arbeitskollege hatte also sowohl vor Toms Frau als auch vor mir als Alibi hergehalten. Es hat Tom in die Hände gespielt, dass er und seine Frau nicht direkt in Berlin, sondern in einem kleinen Vorort gelebt haben und sie aus gesundheitlichen Gründen an das Haus gebunden war.

Andererseits kenne ich auch die Situation, wenn eine Freundin dich bittet, ihr ein Alibi zu geben, weil sie ihren Partner betrügt. Ich hatte auch schon ein paarmal das zweifelhafte Vergnügen, für eine untreue Freundin lügen zu müssen – und kenne daher die moralische Zwickmühle, in der man steckt.

Besonders schlimm war ein Fall, in dem ich nicht nur mit der Frau, sondern auch mit ihrem Freund ganz gut befreundet war. Sie belog und betrog ihn über Monate hinweg und erzählte ihm häufig, sie würde die Zeit bei mir verbringen. Mir war es die ganze Zeit über schon sehr unangenehm, den armen Kerl belügen zu müssen, und irgendwann hielt ich es nicht mehr aus. Ich wäre niemals einfach zu ihm gegangen und hätte meine Freundin verpetzt, aber ich habe ihr klipp und klar gesagt, dass ich das Spiel nicht mehr mitspielen könne – und wolle. Ich habe sie gebeten, entweder ihrem Freund reinen Wein einzuschenken oder, wenn sie das nicht könne, sich ein anderes Alibi zu suchen. Ich sagte ihr, dass ich allerdings in diesem Fall mit ihr auch nicht mehr über die ganze

Sache sprechen wollen würde, denn ich fände es ähnlich schlimm, Mitwisserin zu sein, wie die Rolle des Alibis zu tragen. Zum Glück hat sie meine Argumente verstanden und auch, wie ich mich dabei gefühlt habe. Sie hat sich letztendlich entschieden, ihrem Freund alles zu beichten. Er hat ihr verziehen, und sie sind heute noch zusammen.

*Ausweichmanöver:* Männer reden nicht gerne über Gefühle? Ich versuche, in diesem Buch möglichst alle abgedroschenen Klischees zu vermeiden, aber in diesem Punkt kann ich nur sagen: stimmt. Ich habe wirklich relativ wenige – heterosexuelle – Kerle kennengelernt, die ihr Herz auf der Zunge getragen und ihr Innerstes nach außen gekehrt haben. Ob das so ist, weil sich viele einbilden, als echte Männer müssten sie so sein, oder ob das irgendeine genetische Sache ist, ich weiß es nicht. Eines ist aber klar: Sollte in der Beziehung der Mann ganz plötzlich totale Ausweichmanöver fahren, sprich, sich auf näheres Nachhaken winden wie eine Katze, dann ist das verdächtig. Auch wenn er auf einmal sehr unsicher wirkt und mit den Gedanken ständig woanders ist, kann das auf eine heimliche Geliebte hinweisen.

So oder so ist es natürlich eine riesige Belastung und Herausforderung für eine Beziehung, wenn einer in fremden Betten gewildert hat. Für viele ist ein Seitensprung des Partners ein Grund, den Treulosen sofort und ohne Wenn und Aber zu verlassen. Sollte das nicht der Fall sein, dann bedeutet es harte Arbeit, die Beziehung zu retten und vor allem das verlorene Vertrauen wieder aufzubauen.

## Tipps zur Rettung einer angeschlagenen Beziehung

*Für sich selbst sorgen:* Gerade, wenn eine Beziehung in Schieflage gerät, möchte man sich besonders viel Mühe geben, um sie wieder auf die rechte Bahn zu lenken. Sich selbst aufzuopfern bringt aber leider in den seltensten Fällen etwas, denn eine Partnerschaft auf Augenhöhe kann nur funktionieren, wenn beide Beteiligten mit sich im Reinen und zufrieden sind. Es bringt überhaupt nichts, dem anderen alles recht machen zu wollen, nur damit dieser mich vielleicht nicht verlässt.

Ich muss gestehen, ich selbst habe früher diesen Fehler relativ häufig gemacht. Sobald es in einer Beziehung nicht mehr rundgelaufen ist, habe ich meine Bedürfnisse hintenangestellt, um das vermeintliche Glück zu retten. So habe ich Macken an Männern akzeptiert, die eigentlich inakzeptabel waren bzw. mich im tiefsten Inneren total gestört haben. Mein Ex Sebastian hat mich beispielsweise mit Vorliebe vor meinen Freunden blöd angeredet oder beim gemeinsamen Ausgehen einfach stehenlassen, um mit anderen Frauen zu flirten. Natürlich war mir damals schon klar, dass dieser Kerl kein Verständnis, sondern einen Tritt in seinen Allerwertesten verdient hätte, aber ich habe mich zu sehr von seiner netten Seite einlullen lassen, um Klartext zu reden. Dass es gar keine glückliche Beziehung sein kann, wenn sie nur funktioniert, indem sich einer komplett aufopfert, habe ich damals nicht erkannt.

Ist man selbst nicht der Part, der sich aufopfert, dann kann man andersherum auch nicht vom Partner erwarten, dass dieser komplett für sein Lebensglück verantwortlich ist. Natürlich ist es wichtig, dafür zu sorgen, dass es meinem Liebsten gutgeht, schließlich sorgt man gern für die Menschen, die man liebt. Dennoch ist jeder für sein ganz persönliches Lebensglück selbst verantwortlich. Daher ist es gerade in einer Liebeskrise wichtig, zu sehen, dass es einem selbst gutgeht. Das kann die Verwirklichung im Job, die Ausübung von Hobbys oder eine aktive Freizeitgestaltung mit den Freunden sein. Nur, wer ausgeglichen und mit sich im Reinen ist, kann sich den Problemen mit dem Partner ruhig und sachlich stellen.

*Kommunizieren – aber richtig:* Eines ist sicher: Stillschweigend wird sich keine Liebeskrise überstehen lassen. Denn wo Probleme sind, ist Kommunikationsfähigkeit gefragt. Sprich, nur, wer mit dem Partner offen, ehrlich und so rational wie möglich über die Krise spricht, hat die Chance, aus der ganzen Misere als Paar herauszugehen.

Mir fällt selbst immer wieder auf, wie leicht das klingt und wie schwer es in der Umsetzung letztendlich ist. Ich halte mich für eine äußerst kommunikative Person, die gerne und viel spricht (mein Umfeld würde das an dieser Stelle bestätigen). Und auch, wenn es zu Streitereien mit Familie oder Freunden kommt, schaffe ich es meist, den Mund aufzumachen und die Dinge anzusprechen. Einfach auch deshalb, weil ich es ganz furchtbar finde, wenn zwischen Menschen, die sich eigentlich sehr gern haben, etwas Negatives steht, das aber nicht ausgesprochen wird. In den meisten Fällen staut sich das dann an, und aus einer Kleinigkeit kann auf diese Weise ein wahrer Kleinkrieg werden. Nicht selten schaukelt sich das so hoch, dass die Freundschaft oder eben die Beziehung am Ende in Schutt und Asche liegt. Und das muss wirklich nicht sein – wenn man rechtzeitig den Mund aufmacht.

Komischerweise tue ich mich in Liebesdingen aber total schwer, diese Offenheit an den Tag zu legen. Habe ich Probleme mit einem Mann, dann ist es, als würde ich von der kommunikativen Frau zu einem wortkargen Mädchen mutieren. Ich weiß nicht, ob es daran liegt, dass ich in einer Beziehung mehr Angst habe, etwas zu sagen, das mich den Partner verlieren lässt. Auf jeden Fall muss ich mich selbst dazu zwingen, bei Krisen den Mund aufzumachen und die Sache aus der Welt zu schaffen. Etwas, das mir bei Familie und Freunden vergleichsweise leichtfällt. Mittlerweile habe ich es mir aber ganz gut antrainiert – ganz einfach, weil ich gemerkt habe, dass ich eine Liebesgeschichte sofort abhaken kann, wenn ich bei Problemen zum Fisch mutiere.

Sollte es in einer Beziehung also ernsthaft kriseln, dann schnappt man sich den Partner und legt die Karten verbal auf den Tisch. Miteinander sprechen hilft allerdings nur, wenn man es richtig macht. Wer den anderen nur anbrüllt oder ihn mit Vorwürfen überschüttet, darf sich nicht wundern, wenn dieser dichtmacht und sich zurückzieht. Im Gegensatz dazu hilft es natürlich auch keinen Schritt weiter, wenn man selbst in die devote Rolle schlüpft und brav zu allem ja und amen sagt. Steckt man also in einer Situation fest, in der nur ein Kompromiss aus der Liebesmisere helfen kann, dann sollte man aus dem Gespräch am besten eine Win-win-Situation machen. Jeder nennt dem Partner eine Eigenschaft, von der man sich wünscht, er würde sie ändern. So ist von Anfang an festgelegt, dass beide an der Beziehung arbeiten und dafür sorgen müssen, dass sie wieder funktioniert. Keiner gerät in die Defensive und hat das Gefühl, allein für das Liebesglück verantwortlich sein zu müssen. Es herrscht sozusagen amouröse Demokratie – meiner Ansicht nach das A und O in der Liebe.

*Auf sich selbst stolz sein:* Eine Frau, die sich ständig selbst bemitleidet, die an sich selbst alles schlechtmacht und total unsicher ist, findet kaum ein Mann anziehend. Damit wir für die Männer attraktiv sind, müssen wir uns selbst attraktiv und anziehend finden. Das ist eine ganz einfache Formel, die aber wirklich funktioniert. Ich hatte schon oft die Gelegenheit, sie zu verifizieren. In meinem Leben gab es durchaus Phasen, in denen ich sehr schlecht drauf war. Sei es, dass im Job etwas schiefgelaufen ist, es Probleme innerhalb der Familie gab oder ich einfach so an mir gezweifelt habe. Alle Männer, die ich in diesen Zeiträumen kennengelernt habe, sind nicht lange geblieben.

Jaja, ich weiß, jetzt kann der berechtigte Einwand kommen, dass der »Richtige« auch von Anfang an bleibt, wenn es einem gerade nicht so gutgeht oder man sich in einer handfesten Krise befindet. Dem stimme ich uneingeschränkt zu – Liebe ist nun mal kein Schönwetterphänomen. Aber es geht darum, was ich selbst ausstrahle, wenn ich einen Mann ganz neu kennenlerne. Ich kann ihm durchaus sagen oder vermitteln, dass ich gerade eine schwere Zeit habe und es mir vielleicht nicht wirklich gutgeht. Ich muss aber dennoch ausstrahlen, dass ich mich im Großen und Ganzen gut so finde, wie ich bin – Krise hin oder her.

Apropos Krise, das sollte ebenso sein, wenn man bereits in einer längeren Beziehung steckt, die gerade kriselt. Ich muss meinem Partner zeigen: Auch wenn es zwischen uns beiden gerade nicht so blendend läuft, ich finde mich gut, und ich bin eine Frau, für die es sich lohnt, zu kämpfen. Auch wenn ich vielleicht nicht alles richtig mache, du kannst froh sein, mich an deiner Seite zu haben.

In richtig miesen Zeiten schadet es also nicht, sich selbst mal in Ruhe hinzusetzen, tief in sich hineinzuhören und sich zu fragen: Was macht mich attraktiv? Was macht mich liebenswert? Wo liegen meine Stärken? Nur, wer seinen eigenen Wert erkennt, der strahlt Selbstvertrauen aus und zeigt, dass er mit sich – zumindest im Großen und Ganzen – im Reinen ist. Und es ist wichtig, dass das der Partner erkennt und sich daher dreimal überlegt, ob er diese Beziehung wirklich aufgeben will. Andersherum ist es natürlich ebenso wichtig, sich auch nach der ersten Verliebtheit immer wieder zu verdeutlichen, warum man diesen Mann liebt. Warum man sich für ihn entschieden hat und warum man – allen Krisen zum Trotz – mit ihm zusammen sein möchte. Gegenseitige Wertschätzung ist also unabdingbar, muss aber immer wieder neu erarbeitet werden.

*Mut zur Veränderung:* Nur, weil ich eben betont habe, dass es wichtig ist, sich selbst so zu lieben, wie man ist, heißt das nicht, dass man stur jede Veränderung ablehnen sollte. Jeder Mensch hat jeden Tag die Möglichkeit, ein kleines Stückchen besser zu werden, wenn er an sich arbeitet und offen für Veränderungen ist.

Ich kann mich gut daran erinnern, dass ich oft bei Streits mit der Familie, mit Freunden oder dem Partner schier verzweifelt bin, weil ich immer erwartet habe, der andere müsse sich doch unbedingt ändern, damit es wieder besser laufen könne. Erst viele Jahre später habe ich begriffen, dass das absoluter Humbug ist. Ich kann andere Menschen nicht ändern, ich kann nur mich selbst und meine Einstellung zu gewissen Dingen ändern.

Dass das vor allem in Sachen Liebe wichtig ist, konnte ich über Jahre bei meiner Unifreundin Lana beobachten. Sie war mit ihrem Freund schon seit Schulzeiten zusammen – und jeder hielt dieses Doppelpack für rundherum glücklich, von Krisen keine Spur. Doch wer sie besser kannte und mehr Zeit mit ihnen verbrachte, erhielt zwangsweise einen ganz guten Einblick in ihre Beziehung. Diese funktionierte nur, weil Lana ihren Liebsten schlichtweg so erzog, wie sie ihn haben wollte. Sie hat aus ihm ihren perfekten Freund geformt. Das bedeutet, er war zwangsweise offen für ständige Veränderungen, die allerdings nicht aus ihm selbst kamen, sondern ihm von seiner Freundin vorgegeben wurden. Lana dagegen sah es überhaupt nicht ein, sich oder ihre Einstellungen in irgendeiner Weise zu ändern – warum sollte sie auch, wenn es ihr Schatz so brav tat?

Irgendwann kam allerdings der Zeitpunkt, da hatte sie keine andere Chance, als sich zu verändern, denn ihr Freund wurde älter und erkannte, dass er nicht mehr bereit war, sich für seine Beziehung ständig umformen zu lassen. Er hörte tief in sich hinein, fand heraus, welcher Mann er eigentlich war und sein wollte – und wurde zu diesem Mann. Lana hatte nun zwei Möglichkeiten: Entweder sie verlor ihren Freund, oder sie war das erste Mal in dieser Partnerschaft bereit, Kompromisse einzugehen. Ich freue mich sehr, dass sie sich für die zweite Möglichkeit entschieden hat und die beiden heute noch zusammen sind – als eigenständige Menschen und gleichberechtigte Partner.

*Fortschritte registrieren:* Ich denke, jedes Paar, das schon mal gemeinsam eine Liebeskrise überstanden hat, kann bestätigen, dass das harte Arbeit ist und man in den meisten Fällen auch immer mal wieder Rückschläge einstecken muss. Selten helfen ein paar Gespräche oder Abmachungen sofort aus der Krise heraus. Oft sind es viele kleine Schritte, die zum Happy End führen. Und ich denke, es ist sehr wichtig, diese auch zu registrieren und zu schätzen. Diese kleinen Schritte zeigen uns, dass es in die richtige Richtung geht und dass es sich lohnt, durchzuhalten und für die Liebe zu kämpfen.

Wer ständig negativ ist oder ungeduldig alles sofort erreichen möchte, wird unter Umständen scheitern. Einfach, weil der Glaube und die Zuversicht fehlen. Ist ein Teil der Krise beispielsweise der Tatsache geschuldet, dass die Frau es nicht mehr länger hinnehmen möchte, dass ihr Freund sich mehr Zeit für seine Freunde nimmt als für sie, und haben sie das in vielen offenen Gesprächen auch ausdiskutiert, dann kann die Frau nicht erwarten, dass er sich von heute auf morgen komplett ändert. Das soll er auch gar nicht, es geht schließlich darum, sich in der Mitte zu treffen und einen Kompromiss zu finden. Sagt er also eine für ihn eigentlich wichtige Party mit seinen Kumpels ab, um die Zeit mit seiner Liebsten zu verbringen, dann ist das durchaus ein Schritt in die richtige Richtung – natürlich immer unter der Voraussetzung, dass er das freiwillig macht. Weil er es möchte und weil er erkannt hat, dass das der Weg ist, seine Freundin zu behalten.

*Letzter Ausweg Paartherapie:* Das Klischee besagt, dass das Wort Paartherapie Männer zum Davonrennen bringt, während die Frau alles dafür tun würde, ihn dorthin zu bewegen. Es mag sein, dass in vielen Fällen dieses Klischee noch stimmt. Ich kenne allerdings immer mehr Paare – auch junge Paare, die noch nicht 20 Jahre verheiratet sind –, die diese Option nutzen, ihre Beziehung zu retten. Und in diesen Fällen will es der Mann genauso wie die Frau. Einfach, weil beide erkannt haben, dass sie an einem Punkt angekommen sind, an dem sie professionelle Hilfe brauchen, um ihre Liebe zu retten.

Sollte einer von beiden sich am Anfang doch komplett querstellen, ist es wichtig, demjenigen offen zu sagen, dass es sich hierbei um eine große Chance handelt, dass alles wieder ins Lot kommt. Dass der Partner einem so wichtig ist, dass man selbst auch bereit ist, diesen Schritt zu gehen. Bei den Paaren, die ich kenne, war das Fazit von allen Beteiligten positiv – und ich denke, ich würde diesen letzten Ausweg auch nutzen, wenn es um meine Beziehung sehr schlecht stünde.

## Wenn gar nichts mehr geht:
## Tipps für eine faire Trennung

Manchmal ist eine Liebe einfach nicht mehr zu retten – egal, welche SOS-Maßnahmen man eingeleitet hat. Wenn eine Beziehung zerbricht, ist das immer traurig – und nicht selten ist so ein Liebesende mit Streit verbunden. Vor allem, wenn nur ein Part sich trennen möchte und sich der andere damit schwer abfinden kann. Generell gilt, sich bei einer Trennung möglichst fair zu verhalten – schließlich geht es hier immer noch um eine Person, die einem mal verdammt nahegestanden hat.

Dass das leichter gesagt als getan ist, weiß ich. Ich habe selbst ein paar Liebesenden zu verzeichnen, die den Stempel »fair« auch nicht wirklich verdient hätten. Da waren Trennungen dabei, bei denen mich der Mann scheiße behandelt hat, und es gab welche, da habe ich mich nicht gerade mit Ruhm bekleckert.

Als es bei Tom einfach keine andere Möglichkeit gab, als die Reißleine zu ziehen, nachdem ich von seinen Lügen erfahren hatte, hat es mich zusätzlich getroffen, dass er mir nicht einmal ein offenes und ehrliches Gespräch ermöglicht hat – von einer Entschuldigung seinerseits ganz zu schweigen. Dafür habe ich mich bei meinem Ex Marius (dem mit der Fernbeziehung) nicht fair verhalten, denn da habe ich die Beziehung einfach einschlafen lassen. Ich habe mich immer weniger gemeldet und mir immer weniger Mühe gegeben, bis er schließlich selbst keine Lust mehr hatte. Ich habe aus den bisherigen Trennungen gelernt, dass es leider nicht immer möglich ist, dass eine Beziehung mit einem sauberen Cut endet, aber dass es wichtig ist, dass man es zumindest versucht.

Ein Stichwort, das in Verbindung mit einem Beziehungsaus ganz gerne auftaucht, ist Rache. Wer fies abserviert, betrogen oder belogen wurde, der hat nicht selten Rachegelüste. Ist irgendwie auch menschlich und nachvollziehbar. Ich würde an dieser Stelle gerne den moralischen Zeigefinger erheben und allgemeingültig sagen: Rache bringt gar nichts, es geht darum, wie ein Erwachsener aus der Sache rauszugehen.

Ich denke, in den meisten Fällen ist es auch so, dass Rache peinlich, kindisch und teilweise sogar kontraproduktiv ist. Aber ich hatte einen Fall, da hat sie einfach nur gutgetan. Ich habe ja bereits an einigen Stellen von Tom erzählt, in den ich wahnsinnig verliebt war und mit dem ich ein paar sehr glückliche Monate hatte. Bis ich eben herausgefunden habe, dass er mir dummerweise verschwiegen hatte, dass er verheiratet ist.

Zur Erinnerung: Als ich ihn kennengelernt hatte, hatte er mir – bevor wir zusammengekommen sind – erzählt, dass er unbedingt eine Beziehung mit mir möchte, aber sich um seine sehr kranke Ex-Freundin kümmern müsse. Wir sind dennoch ein Paar geworden, waren sehr verliebt, und ich habe das mit der kranken Ex akzeptiert. Auch, wenn die Sache durchaus belastend war, fand ich es bewundernswert, dass er die Frau, die er mal geliebt hat, auch in schlechten Zeiten nicht im Stich ließ. Und so habe ich die schwierige Situation akzeptiert, und wir haben einige sehr intensive und auch glückliche Monate erlebt.

Ich weiß, Außenstehende werden an dieser Stelle denken: Wie naiv war sie denn bitte? Und es gibt Momente, da denke ich das auch. Aber es war nun mal so, dass es sich trotz allem nach großer Liebe angefühlt hat. Ich war so verliebt in diesen Mann, ich hätte ihn zu dieser Zeit wahrscheinlich sogar geheiratet. Nur irgendwann zog er sich von einem Tag auf den anderen total zurück. Und das, nachdem er mir die letzten Wochen und Monate täglich gezeigt hatte, wie sehr er diese Beziehung und somit auch mich wollte.

Kurz und gut, nachdem es mir aufgrund seines plötzlich so komischen Verhaltens furchtbar schlecht gegangen war, fing ich an, diese ganze Sache zu hinterfragen. Um am Ende die Wahrheit herauszufinden. Und mehr noch, er hatte keineswegs vor, seine Frau zu verlassen, um mit mir ein neues Leben anzufangen. Dass das für mich ein riesiger Schock und eine noch größere Enttäuschung war, muss ich an dieser Stelle wohl nicht extra betonen. Ich kann heute noch mit absoluter Sicherheit sagen, dass dieser Lug und Betrug das Schlimmste war, was mir in Sachen Liebe bisher passiert ist.

In dieser Situation war für mich leider nicht an faire Trennung usw. zu denken. Ich hatte damals nur eines im Sinn: Das kriegt er zurück. Dazu muss man sagen, dass ich ihm das für ihn Schlimmste wohl schon angetan hatte – wenn auch unbewusst. Ich habe von ihrem Status als Ehefrau nämlich nur erfahren, weil ich zu ihr gefahren bin und mit ihr gesprochen habe. Auf diese Weise habe ich erfahren, dass sie keineswegs seine Ex-Freundin war – und gleichzeitig hat sie von meiner Existenz als aktuelle Freundin erfahren.

Seine Ehe war somit zu Ende, denn sie hat sich verständlicherweise von ihm getrennt. Seine Lügen sind aufgeflogen, und er stand alleine da. Dennoch war meine Wut an diesem Tag so groß, dass ich nicht widerstehen konnte, als ich sein Auto auf dem Parkplatz stehen sah. Ich habe meinen teuersten Lippenstift gezückt und ihm eine wenig schmeichelhafte Nachricht auf der Windschutzscheibe hinterlassen – zur großen Erheiterung der umstehenden Passanten. Ja, ich weiß, das war kindisch, aber in diesem Moment war es einfach nur wahnsinnig befreiend. Es hat dann trotzdem ziemlich lange gedauert, bis ich über diese Sache hinweg und offen für etwas Neues war, aber zu diesem Zeitpunkt hat es wirklich geholfen.

Generell gilt aber natürlich: Eine Trennung sollte fair über die Bühne gehen. Vor allem, da eine Beziehung ja nicht immer in einem derartigen Drama enden muss, wie es bei mir damals der Fall war. Häufig ist es so, dass man sich einfach auseinandergelebt hat. Im besten Fall haben sich beide entliebt, aber oft ist es so, dass bei einem die Gefühle nicht mehr reichen und er daher geht. Das ist für die andere Person natürlich hart – und umso wichtiger ist die Sache mit der fairen Trennung. Auch wenn es dafür leider kein universelles Rezept gibt, kommen hier ein paar Tipps, die die Trennung etwas erleichtern sollen:

*Auf den Zeitpunkt achten:* Den »richtigen« Zeitpunkt in dem Sinne gibt es für denjenigen, der verlassen wird, wahrscheinlich so oder so nicht. Dennoch sollte der, der geht, nicht unbedingt einen Tag vor einer entscheidenden Prüfung, einem wichtigen Vorstellungsgespräch oder einer großen Familienfeier Schluss machen. Wie ätzend das ist, weiß ich daher, dass sich meine erste große Liebe kurz vor meinem Abitur von mir getrennt hat. An Lernen war da nicht mehr zu denken, und ich konnte diese eigentlich so herrlich unbeschwerte Zeit mit Abistreich und Abiball auch nicht wirklich genießen.

Natürlich kann man an dieser Stelle anführen, dass derjenige, der die Beziehung beenden möchte, nicht ewig warten kann, bis der Zeitpunkt besonders günstig ist. Aber ein wenig darauf zu achten, wann man das Gespräch führt, ist wirklich nicht zu viel verlangt. Ist es dann so weit, sollte man sich für dieses unschöne Gespräch einen ruhigen Ort suchen, an dem man wirklich ungestört miteinander reden kann.

Ich habe es schon oft mitbekommen, dass gerade Männer dafür einen öffentlichen Ort wählen – wahrscheinlich in der Hoffnung, dass die Verlassene mitten im Restaurant nicht so ausflippt wie in den eigenen vier Wänden. Das finde ich weder ihr gegenüber fair noch den Außenstehenden, die diese unschöne Szene zwangsweise mitbekommen. So viel Respekt, das Ganze unter vier Augen zu beenden, sollte man der Person gegenüber, die man mal geliebt hat, schon haben.

*No-Go: SMS, WhatsApp, Facebook – die schlimmste Art, sich zu trennen:* Apropos Respekt, eine ganz unfeine Art, die leider mittlerweile weit verbreitet ist, ist, am Telefon oder per SMS Schluss zu machen. Hallo, geht's noch? Wie feige ist das denn! Klar, zum Partner zu gehen und zu sagen: »Wir müssen mal reden«, ist alles andere als einfach. Aber den bequemen Weg zu gehen und einfach schnell ein paar Zeilen ist sein Handy zu tippen geht gar nicht. Es geht nicht, auch wenn man vielleicht nur kurze Zeit zusammen war, und noch weniger geht es, wenn man auf diese Art und Weise ein paar gemeinsame Jahre beendet.

Ich habe das bei meiner Freundin Tina mitbekommen. Sie war mit ihrem Freund viele Jahre zusammen, und irgendwann hat es immer mehr gekriselt. Während sie aber um diese Beziehung kämpfen wollte, hat er einfach per SMS Schluss gemacht. Und durch diese respektlose, feige Aktion auf einen Schlag nicht nur die Beziehung, sondern auch die Erinnerungen an eine wirklich schöne Zeit zerstört. Ich weiß noch, wie fassungslos ihr gesamtes Umfeld war, als wir davon erfahren haben. Und Tina hat das bis heute nicht wirklich überwunden, denn seine blöde Aktion hat auch ihr Vertrauen in die Männerwelt nachhaltig gestört. Also weg mit dem Handy, Arsch in der Hose haben und das Ganze unter vier Augen regeln!

*Die Kunst der Diplomatie:* Auch, wenn man in einem offenen Gespräch unter vier Augen die Beziehung beendet, ist das natürlich alles andere als ein Spaziergang. Das A und O in einem derartigen Gespräch ist Diplomatie. Den anderen mit Vorwürfen zu überhäufen und/oder die gesamte Beziehung im Nachhinein schlechtzureden hilft keinem etwas. In der Praxis bedeutet das, Sätze besser mit »Ich denke …« oder »Ich fühle …« zu beginnen anstatt mit »Du hast immer …« oder »Du machst nie …«. Sollte der Partner von der Eröffnung, dass man sich trennen möchte, komplett geschockt und aus der Bahn geworfen sein, ist es vielleicht ganz gut, ihm anzubieten, das Ganze erst einmal sacken zu lassen und zu einem späteren Zeitpunkt weiterzusprechen. Das erhöht die Chance, dass es nicht zu hitzigen Diskussionen und Streitereien kommt und man im besten Fall in einem einigermaßen guten Verhältnis auseinandergehen kann.

*Bitte keine abgedroschenen Phrasen:* Ebenso, wie es nicht den »richtigen« Zeitpunkt gibt, so gibt es auch nicht die »richtigen« Worte, um Schluss zu machen. Jeder, der schon mal in dieser Situation war, kann das bestätigen. Ich habe leider auch keine universell einsetzbaren Sätze in petto, aber ich kann nur eines sagen: Bitte verzichtet auf Sätze wie das obligatorische »Wir können ja Freunde bleiben«! In diesem Moment hört sich das für denjenigen, dessen Herz gerade gebrochen wird, einfach nur lächerlich an. Ebenfalls zu vermeiden sind meiner Meinung nach Sätze wie: »Du bist so eine wundervolle Person, du findest sicher schnell jemand anderen.« Hallo, sind wir hier bei der Caritas? Das klingt nach Mitleid, und das ist wohl das Letzte, was man in so einer Situation möchte!

*Zeit und Raum geben:* Die Trennung ist ausgesprochen, dem Verlassenen geht es mies, und in den meisten Fällen fühlt man sich selbst auch nicht gerade gut. Es ist nämlich natürlich nicht so, dass es demjenigen, der geht, nicht schlechtgehen kann. Auch wenn ich mich trenne – aus welchen Gründen auch immer –, verliere ich einen Menschen, der mir einmal sehr nahegestanden hat. Dieser Verlust oder in vielen Fällen ein schlechtes Gewissen lässt einen oft zum Telefonhörer greifen, um Kontakt mit der Person aufzunehmen, von der man sich gerade getrennt hat. Manchmal hat man schlichtweg auch Sehnsucht. Dennoch sollte man auf eine zeitnahe Kontaktaufnahme verzichten, denn es ist dem Ex-Partner gegenüber total unfair. Vor allem der Verlassene braucht erst einmal Zeit, das Ganze zu verdauen und wieder Boden unter die Füße zu bekommen. Dränge ich mich jetzt immer wieder in sein Leben, hat er überhaupt keine Chance, die Trennung zu verarbeiten. Ich denke, bei einer Trennung brauchen beide ausreichend Raum und Zeit für sich, um mit allem klarzukommen. Ob die Zeit wirklich alle Wunden heilt, muss sich zwar erst einmal zeigen, aber die Chance dazu muss auch gegeben sein.

# Fazit oder: Ein Ende ist auch immer ein Anfang

Wie wahrscheinlich die meisten Menschen auf dieser Welt habe ich schon einige Trennungen überstanden. Trennungen, die einigermaßen fair über die Bühne gingen, richtig schmerzhafte Trennungen und welche, in denen ich mich blöd verhalten habe. Und ich weiß, dass man nach gerade so halbwegs überlebtem Liebeskummer häufig aus dem Brustton der Überzeugung sagt: »Das war's, ich verliebe mich nie wieder!« Das ist vergleichbar mit der Situation nach einem richtig fiesen Kater, in der man sich auch ganz gerne schwört, nie wieder auch nur einen Tropfen Alkohol anzurühren. Nur, um dann wenige Tage später das Glas zu erheben. Der Mensch verdrängt ausgestandenes Leid eben doch schneller, als er immer denkt. Und gerade in Sachen Liebe ist das auch gut so. Es wäre doch schade, ewig lange allein zu bleiben, nur weil einem irgendein Vollpfosten das Herz gebrochen hat.

Apropos Vollpfosten, viele meiner Freunde haben mich nach dem Desaster mit meinem verlogenen Ex-Freund Tom gefragt, ob ich mir überhaupt vorstellen könne, mich wieder zu verlieben und jemals wieder einem Mann zu vertrauen. Klar, dieser Typ hat mich sehr verletzt, ich war traurig, wütend und verzweifelt – aber ich habe niemals auch nur eine Sekunde daran gezweifelt, mich wieder verlieben zu können. Diesen Gefallen wollte ich ihm auch gar nicht tun, denn dafür ist es viel zu schön, eine ehrliche und glückliche Beziehung zu haben. Wunden lecken und das Herz heilen lassen nach einer schmerzhaften Trennung ist okay, aber irgendwann sollte man wieder offen in seine Liebeszukunft blicken.

Dann wird man als Singlefrau um die 30 wahrscheinlich erst einmal feststellen, dass es gar nicht so leicht ist, einen tollen Mann zu treffen, der noch zu haben ist. Nicht so leicht ist aber bei weitem nicht unmöglich! Mit etwas Geduld, viel Ausdauer und einer großen Portion Optimismus, gepaart mit Humor, wird es aber passieren. Denn zu jedem Topf passt ein Deckel. Und es lohnt sich wirklich, genau auf diesen zu warten …

Während dieser Wartezeit, die sich Leben nennt und auch als Single großen Spaß machen sollte, soll dieses Buch als kleiner Kompass dienen. Es soll euch helfen, nie zu vergessen, dass der passende Deckel zwar etwas Wunderbares, aber kein absolutes Muss ist. Der richtige Partner macht Dinge schöner, lustiger und aufregender, die auch als Single schön, lustig und aufregend sind. Der passende Partner ist das Sahnehäubchen, das aber nur gut schmeckt, wenn der Kuchen darunter gelungen ist.

Dieses Sich-durch-den-Singledschungel-Schlagen kann wahnsinnig nervig sein, anstrengend und manchmal auch deprimierend, aber wer das Ganze optimistisch und neugierig angeht, hat die Machete griffbereit, die diesen Dschungel lichtet. Es gehört dazu, hin und wieder mal von der Liane zu fallen oder sich ernsthaft zu verletzen. Wichtig ist, dass man aufsteht und der Liebe eine Chance gibt – entweder sie aktiv zu finden oder von ihr gefunden zu werden.

Ich denke, es gibt im Leben durchaus den einen Richtigen, aber oft sind es auch einige Richtige, die einen zumindest für einen Lebensabschnitt begleiten. Ich hatte bisher ein paar Beziehungen mit Männern, von denen ich dachte, sie könnten zu diesen Richtigen gehören. Letztlich war es nicht so, und das ist auch in Ordnung. Ich bereue nichts, und ich bin absolut überzeugt davon, dass ich den einen passenden Deckel für mich noch finden werde. Meinen Romeo. Falls er nicht vorher mich findet ...

# Nina Wagner

# Fucking good

## Von Tinder, Online-Dates
## und wilden Nächten

Irgendwie ist das gar nicht so einfach mit dem Sex. Nie zuvor waren wir so aufgeklärt, offen und selbstbestimmt … und gleichzeitig so orientierungslos.

Was ist das eigentlich, ein erfülltes Sexleben? Warum ist Selbstbefriedigung immer noch ein so großes Tabu? Und warum wird das alles, trotz des Internets, nicht einfacher?

Nina Wagner hatte viele heiße Sex-Dates und auch richtig miese, deshalb weiß sie mittlerweile ganz genau, was sie will. Im Dschungel der großen Erwartungen und des Selbstoptimierungswahns leistet sie Orientierungshilfe. Nina Wagner erklärt, wie Frauen und Männer ohne Stress hemmungslos guten Sex haben.Einfach fucking good.